T0128079

essentials

Essentials liefern aktuelles Wissen in konzentrierter Form. Die Essenz dessen, worauf es als „State-of-the-Art" in der gegenwärtigen Fachdiskussion oder in der Praxis ankommt. *Essentials* informieren schnell, unkompliziert und verständlich

- als Einführung in ein aktuelles Thema aus Ihrem Fachgebiet
- als Einstieg in ein für Sie noch unbekanntes Themenfeld
- als Einblick, um zum Thema mitreden zu können

Die Bücher in elektronischer und gedruckter Form bringen das Fachwissen von Springerautor*innen kompakt zur Darstellung. Sie sind besonders für die Nutzung als eBook auf Tablet-PCs, eBook-Readern und Smartphones geeignet. *Essentials* sind Wissensbausteine aus den Wirtschafts-, Sozial- und Geisteswissenschaften, aus Technik und Naturwissenschaften sowie aus Medizin, Psychologie und Gesundheitsberufen. Von renommierten Autor*innen aller Springer-Verlagsmarken.

Patrick Engel · Frowin Fasold

Spiel und Training im Handballtor

Ein Praxisleitfaden für Torhüterinnen und Torhüter

Patrick Engel
Institut für Trainingswissenschaft und
Sportinformatik
Deutsche Sporthochschule Köln
Köln, Deutschland

Frowin Fasold
Institut für Trainingswissenschaft und
Sportinformatik
Deutsche Sporthochschule Köln
Köln, Deutschland

ISSN 2197-6708   ISSN 2197-6716 (electronic)
essentials
ISBN 978-3-662-69266-0   ISBN 978-3-662-69267-7 (eBook)
https://doi.org/10.1007/978-3-662-69267-7

Die Deutsche Nationalbibliothek verzeichnet diese Publikation in der Deutschen Nationalbiblio-grafie; detaillierte bibliografische Daten sind im Internet über https://portal.dnb.de abrufbar.

Planung/Lektorat: Ken Kissinger
Springer Spektrum ist ein Imprint der eingetragenen Gesellschaft Springer-Verlag GmbH, DE und ist ein Teil von Springer Nature.
Die Anschrift der Gesellschaft ist: Heidelberger Platz 3, 14197 Berlin, Germany

Das Papier dieses Produkts ist recycelbar.

Was Sie in diesem *essential* finden können

- Eine kurze Übersicht zu den Besonderheiten und Anforderungen auf der Spielposition Tor im Handball
- Methodische Hinweise zu Handlungs- und Trainingsprinzipien
- Vorschläge zur Organisation, Struktur und Ausgestaltung von Trainings
- Aspekte und Besonderheiten der Spielanalyse mit Torhüter*innen

Vorwort

Das Spiel auf der Position Tor hatte für beide Autoren in ihren handballbezogenen Tätigkeiten schon immer eine besondere Faszination. In intensiven Auseinandersetzungen auf wissenschaftlicher und praktischer Ebene kam daher der Gedanke auf, Hintergründe, Inhalte und Methoden zum Training und Spiel im Handballtor in einer eigenen Konzeption zusammenzutragen.

Auch wenn die in diesem Buch präsentierten Inhalte aufbauend auf wissenschaftlich-theoretischen Ansätzen erarbeitet sind, wollen beide Autoren ein klar praxisorientiertes Statement abgeben: Wissenschaftliche Theorien und methodisch-didaktische Modelle halten keine Bälle!

Wenn es gelingt, einen Torwurf abzuwehren, ist es unerheblich, wie dies gelungen ist und es Bedarf für die Athlet*innen auch keiner theoriebasierten Erklärung; einzig die Freude über den abgewehrten Wurf sollte mit der Handlung, die zum Erfolg geführt hat, verknüpft werden.

Theorien und Modelle haben jedoch eine große Stärke: Sie helfen Coaches die Trainings- und Spielpraxis ganzheitlich, sowie ziel- und entwicklungsorientiert umzusetzen.

„Ein Ziel ohne Plan ist nur ein Wunsch" – A. de Saint-Exupéry

Ein besonderer Dank gilt Dominik Albrech, Leonard Hensel und Jan-Lukas Stibbe für die Unterstützung bei der Erarbeitung des Buches.

Patrick Engel
Frowin Fasold

Inhaltsverzeichnis

Einleitung

Die Bedeutung des Spiels auf der Position Tor im Hallenhandball wird auf höchster Leistungsebene immer wieder deutlich. Die erfolgreichsten Teams stellen häufig auch die Torhüter*innen mit den besten Quoten in der Wurfabwehr, die meist über 35 % liegen (IHF 2023). Damit wehren erfolgreiche Teams annähernd jeden dritten Wurf des gegnerischen Teams ab. Ein positiver Zusammenhang zwischen der Quote der gehaltenen Bälle und dem Erfolg in einem Handballspiel konnte mehrfach statistisch nachgewiesen werden (u. a. Hatzimanouil et al. 2022). Auch wenn Zusammenhänge meist nur in leistungssportlichen Kontexten untersucht worden sind, ist aus Praxiserfahrungen auf allen Leistungsebenen davon auszugehen, dass die Siegeswahrscheinlichkeit sehr hoch ist, wenn es auf der Position Tor gelingt, jeden dritten Ball abzuwehren.

Die Besonderheiten dieser Spielposition sind wie in keinem anderen Sportspiel alleine durch das Regelwerk gestaltet. Einzig den Athlet*innen auf dieser Position ist es gestattet, den Torraum zu betreten und innerhalb dessen alle Körperteile zu nutzen, um den Ball abzuwehren (IHF 2022). Auch wenn Torhüter*innen selbstverständlich Teil ihres Teams sind, stellt bereits die farbliche Unterscheidung von den Feldspieler*innen die Besonderheit dieser Spielposition heraus.

Die durch das Regelwerk ausgelösten Unterschiede zwischen dem Spiel im Tor und auf dem Feld führen folglich auch zu unterschiedlichen Anforderungsprofilen. Übersichtsartikel zum Anforderungsprofils im Sportspiel Handball sind aufgrund heterogener Aussagen nur schwer generalisierbar. Festhalten lässt sich jedoch das wenig überraschende Ergebnis, dass Torhüter*innen im Vergleich zu Feldspieler*innen eine geringere Laufdistanz im Spiel zurücklegen und eine niedrigere durchschnittliche Herzfrequenz aufweisen (u. a. Garcia-Sánchez et al. 2023; Manchado et al. 2013). Durchschnittlich gehören die Torhüter*innen zu

P. Engel und F. Fasold, *Spiel und Training im Handballtor*, essentials, https://doi.org/10.1007/978-3-662-69267-7_1

den Spieler*innen mit der meisten individuellen Spielzeit während eines Spiels, was induziert, dass auf dieser Position wenige Wechsel vorgenommen werden. In Bezug auf konditionelle Trainingsinhalte werden im Vergleich zum Training der Feldspieler*innen stark abweichende Empfehlungen gegeben (Karcher und Bucheit 2014). Während in praxisnahen Publikationen die mental-psychologische Komponente des Spiels im Tor immer wieder betont wird, ist diese wissenschaftlich kaum untersucht. Gleiches gilt auch für die kognitiven Komponenten (Wahrnehmung, Antizipation, Entscheidung). Die Relevanz dieser wird für ein erfolgreiches Spiel immer wieder betont, es findet sich hierzu jedoch nur vereinzelt wissenschaftlich publizierte Literatur (u. a. Huesmann et al. 2023; Loffing et al. 2015). Generell gilt für alle Aspekte des Spiels auf der Position Tor, dass wissenschaftliche Daten und Aussagen nicht ausreichend vorhanden sind.

Groß ist jedoch die Vielfalt im Bereich der Lehr- und Fachbücher. Es finden sich spezifische Werke zum Spiel und Training im Tor (u. a. Schubert et al. 2018; Thiel et al. 1999), in allgemeinen Handballlehrbüchern wird dies ebenfalls aufgegriffen (u. a. Fritz et al. 2022; Wilke und Uhrmeister 2009). Auch in Fachzeitschriften zeigt sich eine Vielzahl an Beiträgen von Persönlichkeitsbetrachtungen, Übungssammlungen oder methodischen Konzeptionen (u. a. Biegler 2012; Omeyer und Späte 2009; Schubert 2012). In der Rahmentrainingskonzeption des DHB sind ebenfalls Hinweise zum Aufgaben- und Anforderungsprofil sowie zum Training von Handballtorhüter*innen aufgeführt (Beppler et al. 2017).

> Die Bewegungstechniken zur Wurfabwehr auf der Spielposition Tor
> sind in der aufgezeigten Literatur umfassend beschrieben, wes-
> halb diese nicht im Fokus dieses Buches stehen. Vielmehr sollen
> Handlungsprinzipien und Verhaltenshinweise die Entwicklung indi-
> vidueller und funktionaler Techniken ermöglichen.

Auch wenn es an wissenschaftlichen Daten mangelt, kann aufbauend auf der vorliegenden Literatur und grundlegenden Modellen zur Leistung im Sportspiel ein umfassender Blick auf das Spiel und das Training im Handballtor geworfen werden.

Überblick über das Buch
Nach einem kurzen Input zum Prozess des Lernens und der Leistungsentwicklung wird dargestellt, welche Aufgaben und Anforderungen auf Athlet*innen im Handballtor zukommen und was es bedeutet, auf dieser Spielposition handlungsfähig zu sein. Im Folgenden werden einfache Prinzipien formuliert, welche die Abwehr von Würfen im Spiel ermöglichen sollen. Hinweise zur Organisation und Struktur

von Trainingseinheiten sollen die Umsetzung in der Praxis konkretisieren. Mithilfe eines modularisierten Ansatzes werden Möglichkeiten zur inhaltlichen Ausgestaltung dieser Trainingspraxis aufgezeigt. Weiterhin werden Hinweise zum Training konditioneller und kognitiver Komponenten gegeben, bevor sich im abschließenden Teil des Buches mit Aspekten der Spielanalyse auseinandergesetzt wird.

1.1 Grundlagen zum Lernen und dem Leistungsaufbau

Um die spezifische Spielleistung zu entwickeln, gibt es auf allgemeiner lerntheoretischer Grundlage eine Vielzahl unterschiedlicher Ansätze. Da Spielhandlungen auf der Position Tor keine geschlossenen, sondern stets offene und variable Handlungen darstellen, wird hier davon ausgegangen, dass auch die Lernprozesse offen und variabel gestaltet werden sollten. Ohne sich einzig auf eine Konzeption zu fokussieren, sind die Grundgedanken dieses Buches auf explorative Lernprozesse und individuelle Adaptionen vom Handlungslösungen ausgelegt. Diese finden sich vor allem in Überlegungen zur nicht-linearen Pädagogik und dem Constraints-Led-Approach (u. a. Koekeok et al. 2022). Nach dem Motto „Train as you play" (Deuker et al. 2023) stehen dabei die tatsächlichen Spielhandlungen immer im Vordergrund. Zielgerichtete Verbesserungen können durch Manipulationen an der Aufgabe, den Umweltbedingungen oder den Lernenden selbst erreicht werden. Die Relevanz der motivationalen Aspekte darf dabei nicht außer Acht gelassen werden. Die methodisch-didaktische Vorgehensweise soll so gestaltet sein, dass durch ausgewogene Erfolgs- und Misserfolgsbilanzen lernwirksame Umgebungen geschaffen werden (Koekeok et al. 2022), welche die intrinsische Motivation stärkt und durch Autonomie im Lernprozess diesen positiv unterstützt (u. a. Wulf und Lewthwaite 2016).

In Bezug auf das Alter der Lernenden ist auf der Spielposition Tor ein Kuriosum zu beobachten, das allen traditionellen Lernprinzipien widerspricht. Im Handballtor zeigt sich eine umgekehrte Schwierigkeitsprogression, was bedeutet, dass erst mit zunehmendem Größenwachstum der Schwierigkeitsgrad in der Primäraufgabe (Bälle halten) sinkt, da die Torgröße konstant bleibt (Engel et al. 2023). Auch wenn es Möglichkeiten gibt, die Größe des Tors anzupassen, muss improvisiert werden, um ein optimales Verhältnis der Anthropometrie der Lernenden in Bezug auf die Torgröße herzustellen. Gelingt dies nicht, sind die Voraussetzungen für einen optimalen Lernprozess mutmaßlich erschwert. Vor allem im Trainingsprozess ist es wichtiger, die Torgröße optimal an die Körpergröße anzupassen und dabei auf improvisierte Tore (z. B. Stangen-Band Konstruktionen, Matten), denn auf die im Regelwerk vorgeschriebenen Tore zurückzugreifen. Sinken die Wahrscheinlichkeiten einen Ball zu halten unter 30 %, weil das Tor in Relation zur Körpergröße zu groß ist, kann sich die Wahrscheinlichkeit des Drop-Outs erhöhen. Die Lernenden können schlicht die Lust an der Aufgabe verlieren.

Weiterhin ist es notwendig, den Lernprozess langfristig zu betrachten und zu gestalten. Auch wenn die tatsächlichen Spielhandlungen jederzeit im Vordergrund stehen sollten, gibt es Modelle zum langfristigen Leistungsaufbau, die unterschiedliche Phasen der Lernprozesse beschreiben (Otte et al. 2019). Einer ersten freien Phase des Ausprobierens, folgt eine Phase des Fähigkeitsanpassungs trainings. In dieser Phase werden vor allem Handlungsvariationen angeregt, die durch die Steigerung der Aufgabenkomplexität jedoch stabilisiert werden. Die dritte Phase dient der Leistungsoptimierung und soll so das Erlernte unter Wettbewerbsbedingungen sichern. Die zeitliche Dauer, die in den unterschiedlichen Phasen verbracht wird, definiert sich über das Ziel, das Alter und den Leistungsstand der Lernenden. So können die drei Phasen den Verlauf einer Woche widerspiegeln, eine Vorbereitungsphase auf eine Saison darstellen oder im Kinder- und Anfängerbereich ein ganzes Jahr strukturieren. Mit dem Wissen, dass ein periodisiertes Training immer vorteilhaft gegenüber einem unperiodisierten Training ist, bietet das Konzept von Otte et al. (2019) die Möglichkeit, den langfristigen Leistungsaufbau zielgerichtet anzugehen.

Handlungs-, aufgaben- und belastungsorientierte Trainingsplanung

Die Anforderungen des Handballspiels haben zur Konsequenz, dass Handballspieler*innen über die gesamte Spieldauer schnell agieren müssen, um erfolgreich zu sein (Brack 2002). Aufgrund des spezifischen taktischen und psychologischen Anforderungsprofils auf der Position Tor wird hier ergänzend zur Handlungsschnelligkeit die Fähigkeit zur erfolgreichen Handlungsauswahl betont.

Handlungsfähigkeit im Handballtor
Aus der Fähigkeit, die richtige (erfolgreiche) Handlung maximal schnell umzusetzen, ergibt sich als übergeordnetes Trainingsziel die Verbesserung der spezifischen Handlungsfähigkeit.

Im nachfolgend beschriebenen Modell (Abb. 2.1) wird diese Handlungsfähigkeit detailliert dargestellt. Als Grundlage hierzu werden allgemeine Konzepte der Agilität (Brack 2002; Young und Farrow 2006) und spezifische Konzepte zu Trainings- und Leistungskomponenten des Torhüter*innenspiels genutzt (Biegler 2012; Schubert et al. 2015).

Dieser Handlungsfähigkeit liegen Komponenten zugrunde, die nur bedingt trainierbar sind (u. a. Konstitution, physiologisch-anatomische Voraussetzung), jedoch in Bezug auf die Talentsichtung relevant sein können. So zeigt sich, dass eine gewisse Körpergröße und bestimmte muskuläre Grundlagen von Vorteil sein können, um ein entsprechendes Leistungsniveau zu erreichen. Weitere Komponenten lassen sich sowohl unspezifisch (z. B. Kraft, Ausdauer, Aufmerksamkeit) als auch spezifisch trainieren. Technisch-koordinative Elemente können unspezifisch, sollten allerdings zum größten Teil spezifisch trainiert werden. Gleiches gilt für taktische Komponenten (taktisches Verständnis, Handlungskonzeption) und vor allem für spezifische psycho-soziale Aspekte (z. B. Risikobereitschaft).

© Der/die Autor(en), exklusiv lizenziert an Springer-Verlag GmbH, DE, ein Teil von Springer Nature 2024
P. Engel und F. Fasold, *Spiel und Training im Handballtor*, essentials,
https://doi.org/10.1007/978-3-662-69267-7_2

Spezifische Handlungsfähigkeit auf der Spielposition Tor			
Handlungsschnelligkeit		**Handlungsauswahl**	
Motorische Schnelligkeit	Kognitive Schnelligkeit	Spiel-Intelligenz	Spiel-Kreativitiät
- Kraft	- Wahrnehmung	- Erfahrung, Wissen	- Handlungsoptionen
- Ausdauer	- Antizipation	- taktisches Verständnis	- Originalität
- Koordination/Technik	- Mustererkennung	- Handlungskonzeption	
	- Entscheidung	- situative Handlungsauswahl	
Elementare Schnelligkeit		**Psyche / Motivation**	
Trainierbar	Bedingt/nicht trainierbar	- Lernbereitschaft	
- Psyche	- Anatomie	- Risikobereitschaft	
- Physiologie	- Konstitution	- Aufmerksamkeit/Konzentration	
- Sensorik	- Mechanik	- Mut	

Abb. 2.1 Die spezifische Handlungsfähigkeit auf der Spielposition Tor im Handball

Die spezifischen Aufgaben

Die Handlungsfähigkeit muss im Spiel sowohl auf die spezifischen Aufgaben in der Defensive als auch in der Offensive angewendet werden (Abb. 2.2). Die dargestellten Überlegungen sind aus der vorhandenen Literatur abgeleitet (Kap. 1).

Der Kern des Spiels auf der Position Tor ist die Wurfverteidigung. Darauf folgend sind weitere Primäraufgaben die Ballkontrolle und die Spieleröffnung aus dem Torraum, da dies nur von den Torhüter*innen übernommen werden kann. Auch im Wechsel für ein*e zusätzliche Feldspieler*in sind die Torhüter*innen involviert.

Die Sekundäraufgaben können alle auch von Feldspieler*innen übernommen werden (außerhalb des Torraumes). Innerhalb der verschiedenen Aufgaben können weitere inhaltliche Differenzierungen vorgenommen werden (z. B. Wurfabwehr gegen Durchbruch mit Kontakt vs. ohne Kontakt), um der Komplexität der Anforderungen Rechnung zu tragen.

Die situationsbezogene Belastung

Die Handlungsfähigkeit in der Umsetzung der spezifischen Aufgaben wird in Bezug auf die Steuerung von Training nun mit Fokus auf die physischen Belastungsparameter (Zeit, Intensität) betrachtet. Aufbauend auf den Trainingsempfehlungen von Karcher und Buchheit (2014) und die im Spiel beobachtbaren Verhaltensweisen,

Aufgaben auf der Spielposition Tor		
	Wurfverteidigung	
	Nahdistanz	**Ferndistanz**
	- Außenposition - Kreisposition - Durchbruch - Gegenstoß	- Rückraumpositionen ohne Kooperation - Rückraumpositionen mit Kooperation - direkte Freiwürfe
Primär-Aufgaben	**7m Würfe verteidigen**	
	Empty-Net Würfe verteidigen	
	Ballkontrolle	
	- nach Parade - nach Gegentor - nach Fehlpass gegnerisches Team - nach Blocks	
	Spieleröffnung aus dem Torraum	
	- Pass-Spiel zum Gegenstoß - Pass-Spiel zur Schnellen Mitte - Empty-Net Würfe ausführen	
	Aus- und Einwechslung für zusätzlicher Feldspieler*innen	
Sekundär-Aufgaben	**Gegenstoßabwehr außerhalb des Torraumes**	
	- Ball abfangen - Empty-Net Würfe abwehren	
	Spieleröffnung außerhalb des Torraumes	
	- Pass-Spiel zum Gegenstoß - Pass-Spiel zur Schnellen Mitte - Empty-Net Würfe ausführen	
	Organisation, Kommunikation und Motivation	

Abb. 2.2 Die spezifischen Aufgaben auf der Spielposition Tor im Handball

lassen sich hierzu Prinzipien zu den spezifischen Handlungen von Torhüter*innen beschreiben.

Aktionen im Handballtor...

- ... sind singulär und arrhythmisch.
- ... sind maximal präzise und maximal schnell.
- ... haben in der Wurfabwehr eine lange niedrigintensive Phase (Positionierung, ca. 10–15 s) und eine kurze hochintensive Phase (Parade, max. 1–2 s).
- ... können in der Spieleröffnung eine längere hochintensive Phase (Ballsicherung und Pass-Spiel, ca. 5–10 s) haben.
- ... können in der Wechselphase eine längere hochintensive Phase (Sprint in den Torraum, ca. 3–5 s) haben.

Ergänzend zu diesen Prinzipien lässt sich festhalten, dass Torhüter*innen in der Offensiv-Phase des eigenen Teams durchschnittlich 22–35 s Pause haben.

Trainingsableitungen
Die vorgestellten Modelle und Prinzipien lassen sich zur Trainingsplanung und -steuerung nutzen. Hierzu wird ein Trainingsinhalt durch die Kombination einer Komponente der Handlungsfähigkeit (Abb. 2.1), einer spezifischen Aufgabe (Abb. 2.2) und den Kenntnissen der zugehörigen physischen Belastung entwickelt.
Soll eine Komponente der motorischen Schnelligkeit (bspw. Bewegungstechnik) geschult werden, muss hierbei die Aufgabe präzise definiert werden (bspw. Abwehr flach geworfener Bälle aus dem Rückraum mit Block). Die Übungsgestaltung sollte an der Belastung (bspw. maximal schnell) orientiert sein.

▶   Bei der Trainingsgestaltung ist Kreativität gefragt, um im Sinne eines variablen Lernens dauerhafte Anpassungsprozesse zu erzeugen (Abschn. 1.1). Gewisse Routinen und Monotonie im Lernprozess können angewendet werden und geben Sicherheit, sollten aber den kleineren Teil der Trainingsphasen ausmachen.

Die inhaltliche und methodische Gestaltung von Trainingseinheiten ist weiter auch an Alter, Geschlecht und Leistungsstand der zu trainierenden Torhüter*innen anzupassen.

Handlungsprinzipien im Handballtor 3

Nach dem Überblick über Aufgaben, Handlungen und Belastungen auf der Spielposition Tor werden im folgenden Abschnitt Prinzipien aufgezeigt, die innerhalb der Primäraufgaben konkret zum Abwehren von Torwürfen und zur Spieleröffnung dienen können.

Die Grundposition zur Wurfabwehr
Als Grundlage eines erfolgreichen Spiels im Handballtor wird die Positionierung gesehen. Hierbei geht es darum, wo sich die/der Torhüter*in im Raum zwischen Ball und Tor befindet. Dabei sollte die Positionierung am Wurfarm der*s ballführenden Spieler*in orientiert sein (zentrale Position auf der Winkelhalbierenden zwischen Wurfarm/Ball und Tor, Abb. 3.1).

Beobachtungen zeigen (z. B. Rost 2024), dass ein Kniewinkel von ungefähr 120°, zusammen mit einer leicht gebeugten Hüfte und den Händen ungefähr auf Augenhöhe (Arme leicht gebeugt, Hände im Sichtfeld) eine Position darstellen, aus der Torhüter*innen sich maximal schnell und präzise bewegen können (Abb. 3.2).

Solange der Ball im Angriff des gegnerischen Teams hin und her gepasst wird, bewegen sich Torhüter*innen unmittelbar vor der Grundlinie auf einer gedachten Bogenlinie zwischen den Pfosten, um immer zwischen Ball und Tor zu sein (Abb. 3.1). Wie weit diese Linie von der Grundlinie entfernt ist, hängt von individuellen Vorlieben und Stärken ab. Bei Betrachtung internationaler Spitzentorhüter*innen fällt auf, dass diese eher defensiv als offensiv in der Grundposition agieren.

> ▶ Wird der Ball im Angriff Richtung Außenpositionen gespielt, kann die Veränderung der Grundposition dazu führen, dass der Pfosten berührt wird (z. B. mit der Hand). Dies sollte vermieden werden, da

P. Engel und F. Fasold, *Spiel und Training im Handballtor*, essentials, https://doi.org/10.1007/978-3-662-69267-7_3

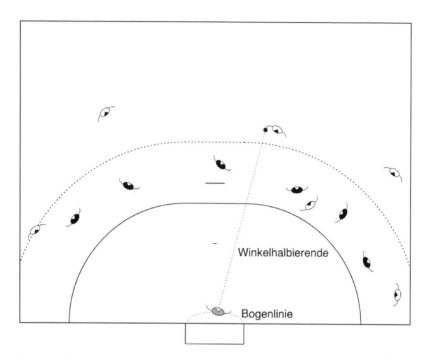

Abb. 3.1 Die Grundposition auf der Winkelhalbierenden und der Bogenlinie

Abb. 3.2 Die Grundposition im Handballtor

bei schnellem Passspiel zurück in den zentralen Rückraum, häufig zu lange am Pfosten verweilt wird (Ankerposition). Aus dieser Position gelingt es häufig nicht, wieder in eine optimale Grundposition gegen Würfe aus dem zentralen Rückraum zu gelangen. Ein Kontakt zum Pfosten kann hergestellt werden, wenn ein Wurf von der Außenposition abgewehrt werden soll; dabei kann der Kontakt hilfreich sein, um die Grundposition gegen die für die Angreifer*innen schwierige Wurfposition optimal anzupassen.

Aus dieser Grundposition sind zur Wurfabwehr vier Handlungsprinzipien relevant: Antizipieren des Abschlussortes, Grundposition anpassen, Ball fokussieren, Handeln statt reagieren. Diese Prinzipien sind als Handlungsabfolge zu verstehen.

Antizipieren des Abschlussortes Unter Antizipieren ist die Vorwegnahme des Abschlussortes zu verstehen. Hierbei ist eine intensive Beobachtung des Spielverlaufes erforderlich, aber auch Wissen über die Angriffs- und Verteidigungshandlungen. Muss ein*e Verteidiger*in einen großen Raum alleine verteidigen, kommt es mit hoher Wahrscheinlichkeit zu einem Torwurf nach einem Durchbruch. Hat ein*e Rückraumspieler*in im 2:2 in der Kooperation mit der Kreisposition den Wurfarm sehr tief, ist ein Pass an den Kreis wahrscheinlicher als ein Rückraumwurf. Gelingt es der Verteidigung nicht, eine gute Blockposition gegen eine Torwurfaktion aus einer Kreuzbewegung zu stellen, muss die Handlung zur Torwurfabwehr entsprechend frühzeitig angepasst werden. Die hier beschriebenen Beispiele zeigen, wie vielfältig Wahrnehmungs- und Antizipationsaufgaben sind, um im Handballtor eine erfolgversprechende Position einnehmen zu können.

Grundposition anpassen Die Grundposition im Raum wird aufbauend auf dem antizipativen Prozess in Breite und Tiefe angepasst, um die Wahrscheinlichkeit zu maximieren, den Ball zu halten. Bezogen auf die Breite können Korrekturen nach rechts oder links, bezogen auf die Tiefe können Korrekturen nach vorne und hinten vorgenommen werden (Abb. 3.3).Die Korrekturen in der Breite können genutzt werden, um eine optimale Position auf der Winkelhalbierenden einzunehmen oder eine zielgerichtete Abweichung von dieser Position vorzunehmen, um die Werfer*innen zu einer Handlung zu verleiten (ein Raum wird bewusst geöffnet). Die Korrekturen in der Tiefe können ebenfalls genutzt werden, um bestimmte Wurfarten zu provozieren oder unwahrscheinlicher zu machen (z. B. Heber). Generell bietet es sich an, gegen Würfe aus größerer Distanz (Rückraum) defensiv und damit aus einer Position nah zur Torlinie zu handeln. Gegen Würfe aus nahen Distanzen scheint eine Anpassung der Grundposition in eine offensivere Position vielversprechender.

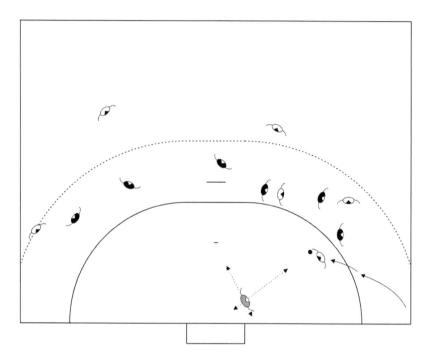

Abb. 3.3 Beispiel zur Anpassung der Position in Breite und Tiefe

Je nach Stärken der Torhüter*innen und der Werfenden sollten für die Anpassung der Grundposition individualisierte Prinzipien formuliert werden.

Ball fokussieren

▶   Der Ball und damit der Wurfarm scheint die meisten Informationen zu bieten, wo der Ball nach dem Wurf landen wird. Diese Informationen können helfen, um in der folgenden Abwehrhandlung möglichst viel Körperfläche in diese Richtung zu bringen. Eine zielgerichtete Fokussierung des Blickes auf den Ball ist damit das letzte Prinzip in der Handlungsfolge, bevor die Abwehrhandlung erfolgt.

Zusätzlich zum Wurfarm können Faktoren wie Sprungrichtung, Körperhaltung oder Blickrichtung aufschlussreiche Informationen liefern. Diese Informationen können von den Werfenden allerdings auch bewusst eingesetzt/gesteuert werden, um das Wurfziel zu verschleiern und sollten daher nur individualisiert (Wissen über Werfer*innen) genutzt werden.

Handeln statt reagieren Ist der Ort des Wurfes antizipiert, die Grundposition zielgerichtet angepasst und der Fokus auf dem Ball/Wurfarm, kann die Abwehrhandlung (Parade) erfolgen. Auch wenn Reaktionen in diesem Prozess eine wichtige Rolle einnehmen können, sollte es vielmehr das Ziel sein, die Parade bewusst und aktiv auszuführen. Dieser bewusste Handlungsprozess schließt intuitive Handlungen nicht aus; das „Bauchgefühl", das sich nicht verbalisieren lässt, kann ebenfalls zum Erfolg führen. Das bewusste Handeln beinhaltet vor allem die zeitliche Steuerung der Abwehrhandlung (Timing). Timing lässt sich nicht verallgemeinern, sondern folgt immer situativen Bedingungen. Eine bewusste Steuerung des Timings der Handlung (früher vs. später) ist essenziell zur erfolgreichen Wurfabwehr.

▶   Um das Timing und die Handlung bewusst steuern zu können, ist es erforderlich, optimal lange mit den Füßen Bodenkontakt zu haben. Optimal lange bedeutet dabei nicht, dass ein Bein nicht gehoben oder gesprungen werden darf. Kritisch wird es jedoch auch, wenn der*die Torhüter*in den Boden zu früh verlässt, da mit wenig oder keinem Bodenkontakt Anpassungen der Handlungen nicht mehr vorgenommen werden können. Aus einer guten Position gegen den Wurf ist ein zu spätes Handeln weniger kritisch, da allein die gute Positionierung die Wahrscheinlichkeit erhöht, den Ball abzuwehren.

Obwohl das Regelwerk vorgibt, dass alle Körperteile zur Wurfabwehr genutzt werden dürfen, sollte dies im Sinne bewusster Handlungen situationsadäquat umgesetzt werden. Grundsätzlich gilt daher, dass hochgeworfene Bälle mit Armen und Oberkörper gehalten werden, während flach geworfene Bälle mit den Beinen abgewehrt werden. Kreative Lösungen und Abweichungen sind auch hier wie immer möglich, in einer grundlegenden Handlungsfähigkeit ist aber dem genannten Prinzip Folge zu leisten.

Ureigene und wichtige Schutzreflexe (z. B. Lidschutzreflex, Schutz der Körpermitte) können die eigenen Handlungen einschränken. Eine bewusste, zielgerichtete und geduldige Auseinandersetzung mit den negativen Auswirkungen dieser Reflexe (z. B. Kopf senken, Wegdrehen vom Ball) wird zu Verbesserungen führen. Hierbei ist jedoch zu erwähnen, dass diese Reflexe kein Ausdruck von Angst, sondern sinnvoll und notwendig sind. Die Arbeit im Umgang damit muss daher sehr langfristig angesehen werden; es kann Jahre dauern, bis hier Verbesserungen bemerkbar werden.

Prinzipien der Spieleröffnung
Neben diesen vier gerade genannten Prinzipien zur Wurfabwehr können weitere Handlungsprinzipien für die Spieleröffnung formuliert werden.

Ball sichern und beobachten Bei der Ballsicherung geht es darum, den Ball im Idealfall so abzuwehren, dass eine schnelle Spieleröffnung erfolgen kann. Auch nach einem Gegentor geht es darum, den Ball möglichst schnell wieder ins Spiel zu bringen (mögliche schnelle Mitte einleiten). In beiden Fällen sollte der beschriebene Vorgang damit einhergehen, das Verhalten des eigenen und des gegnerischen Teams zu beobachten. Auch bei einem Sprint zu einem Ball neben dem Tor sollte, wenn möglich, schon ein Blick auf das Spielfeld geworfen werden.

Wissen über die Spielsituation Die Torhüter*innen sollten sich jederzeit bewusst und fokussiert mit dem Spielstand, der Spielzeit und der allgemeinen Spielsituation (z. B. taktische Vorgaben) auseinandersetzen. Das Verhalten in der Spieleröffnung lässt sich daher nicht in Wenn-Dann-Regeln beschreiben, sondern muss situationsadäquat angewendet werden.

Entscheiden Aufbauend auf die Ballsicherung, die Beobachtung des Spielfeldes und dem Wissen über die Spielsituation wird die erfolgversprechendste Handlung in der Spieleröffnung ausgewählt. Die Entscheidung, ob ein Empty-Net-Wurf ausgeführt wird, ein Langpass oder ein Kurzpass gespielt wird, sollte immer aufbauend auf den ersten beiden Prinzipien getroffen werden.

Anwendung der Prinzipien
Die hier formulierten Prinzipien dienen Torhüter*innen als Grundlage ihres Handelns und können ein Schema zur Potenzialanalyse darstellen (Kap. 7). War beispielsweise die Torwurfabwehr nicht erfolgreich, kann in einer anschließenden Analyse betrachtet werden, ob der Fehler in der Antizipation der Spielsituation, in der Positionierung oder im Fokussieren des Balles lag. Aufbauend darauf sollen vor allem Stärken betont und fokussiert werden. Eine Analyse der Spielsituationen anhand der Handlungsprinzipien lässt in Verbindung mit den in Kap. 2 benannten Handlungsparametern eine individualisierte und detaillierte Trainingsplanung zu.

3.1 Positionsspezifik in der Wurfabwehr

Die oben aufgeführten Handlungsprinzipien können als allgemeine Grundlage verstanden werden und sollen nun in Bezug auf die Primäraufgaben der Wurfabwehr (Abb. 2.2) und entsprechende taktische Handlungsmöglichkeiten ausdifferenziert werden.

Abwehr von Würfen aus der Nahdistanz

Abwehr von Würfen nach Durchbrüchen Die Abwehr von Würfen nach Durchbrüchen hat eine hohe Relevanz, da es sich hierbei um eine der erfolgversprechendsten Abschlusssituationen für das angreifende Team handelt (ca. 80 %, u. a., Hansen et al., 2017). Grundsätzlich können Würfe aus Durchbrüchen räumlich in zentralen und breiten Abschlussräumen kategorisiert werden (Abb. 3.4). Situativ können diese Würfe weiterhin über die Intensität des vorhandenen Körperkontakts während des Wurfes differenziert werden. Je nach Abschlussraum und Kontaktintensität unterscheiden sich die Empfehlungen für die Handlungsauswahl zur Wurfabwehr.

Bei zentralen Durchbrüchen mit starkem Kontakt empfiehlt es sich als Torhüter*in, defensiv zu bleiben und den Ball in einer stehenden Grundposition zu halten. Aktionen nach zentralen Durchbrüchen mit leichtem oder keinem Kontakt können offensiver gelöst werden. Dabei können die Torhüter*innen in ihrer offensiven Position stehen oder den Angreifer*innen in der Wurfabwehr noch weiter entgegenkommen (attackieren).

Um die Erfolgswahrscheinlichkeit zu maximieren, ist eine dauerhafte Beobachtung und frühzeitige Antizipation der Spielsituation in Bezug auf den Raum (zentral oder breit?) und die Situation (Kontakt oder nicht?) notwendig (Kap. 3).

Finden Torwürfe nach Durchbrüchen in breiten Räumen statt und Werfer*innen haben keine Chance durch ihr Sprungverhalten zur Mitte die Wurfmöglichkeit zu verbessern, empfiehlt sich eine defensive, stehende Position und eine Parade mit kleinen Bewegungen. Durch die passende Positionierung ist in solchen Situationen das Tor bereits optimal abgedeckt. Entsteht in diesen Situationen zusätzlich Körperkontakt gegen die Werfer*innen, kann auf große Bewegungen völlig verzichtet werden.

Haben die Werfer*innen die Möglichkeit, durch ihr Sprungverhalten zur Mitte ihre Wurfmöglichkeiten zu verbessern, empfiehlt es sich, offensiver zu werden und vor der Parade eine Position näher zum*zur Werfenden einzunehmen.

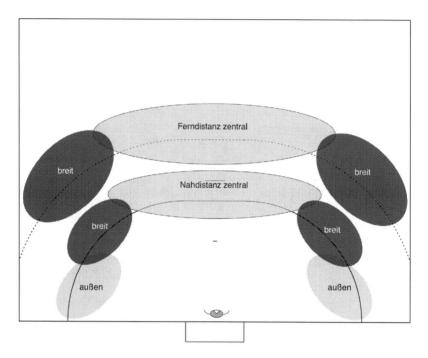

Abb. 3.4 Beispielhafte Kategorisierung der Abschlussräume im Handball.

Abwehr von Würfen von der Kreisposition Bei Würfen von der Kreisposition kann ähnlich wie bei Würfen aus Durchbrüchen zwischen zentralen und breiten Wurfräumen kategorisiert werden. Weiterhin kann auch hier in Würfe mit viel Kontakt und freie Würfe (bzw. Würfe mit wenig Kontakt) differenziert werden.

Es empfiehlt sich daher wie zuvor, Würfe aus dem zentralen Raum mit viel Kontakt defensiv stehend und Würfe aus dem zentralen Raum mit wenig Kontakt in einer offensiven Position abzuwehren. Die Antizipation des Anspiels zum Kreis ist in der Regel frühzeitig möglich und hilft, eine offensive stehende Position vor der Parade einzunehmen. Ist das Kreisanspiel erst spät zu erkennen, kann aus der defensiven Grundposition ein explosives Entgegentreten in Richtung des Wurfarmes die Optionen der Werfer*innen einschränken.

Würfe aus breiten Räumen sollten auch hier in defensiven Positionen und mit kleineren Bewegungen pariert werden.

Der größte Unterschied zwischen Würfen von der Kreisposition und Würfen nach Durchbrüchen liegt in der Bewegungsdynamik der Angreifer*innen. Bei Durchbrüchen werden Würfe aus hohen Bewegungsgeschwindigkeiten, allerdings auch unter großem Stress und in der Regel weniger kontrolliert abgegeben. Von der Kreisposition ist die Dynamik meist geringer, die Kontrolle der Werfer*innen jedoch meist auch höher. Dieses Wissen soll hier nicht in bestimmte Handlungsregeln übertragen werden, sondern vielmehr genutzt werden, um angepasst an die individuellen Qualitäten von Angreifer*innen einen Handlungsplan zu entwerfen.

Abwehr von Würfen von den Außenpositionen: Bei Würfen von den Außenpositionen verlassen Torhüter*innen ihre Grundposition vor der Bewegungslinie (Abb. 3.1) in eine offensivere Position. Mit welchem Bein sie sich dabei als Erstes nach vorn bewegen, hängt davon ab, welche Wurfsituation sie über ihre Positionierung provozieren wollen. In den meisten Fällen empfiehlt es sich, das pfostennahe Bein als Erstes nach vorn zu bewegen. Eine frontale und zentrale Position gegen Wurfarm/Ball erhöht die Erfolgswahrscheinlichkeit, den Ball abzuwehren. Können die Werfenden durch ihr Sprungverhalten ihre Wurfoptionen verbessern, gilt es, eine entsprechende Anpassung der Position in der Breite vorzunehmen (Abb. 3.3).

Abwehr von Würfen aus der Ferndistanz

Grundsätzlich lassen sich Würfe von den Rückraumpositionen in die Situationskategorien „Würfe mit Block" und „Würfe ohne Block" einteilen. Bei der Wurfabwehr mit Block ist anzumerken, dass die traditionelle Kooperation *Blockecke-Torhüterecke* im modernen Leistungshandball nicht mehr auszureichen scheint. Meist sind Werfer*innen in der Lage, an beiden Seiten des Blocks vorbeizuwerfen. Im Breitensport kann diese Kooperationsform jedoch als einfache taktische Absprache ihre Berechtigung haben.

Positioniert sich die*der Torhüter*in auf einer Geraden zwischen Tormitte, Block und Werfer*in, schafft sie*er die Voraussetzung, um Würfe an beiden Seiten des Blocks vorbei abzuwehren. Grundsätzlich gilt, dass die*der Torhüter*in hierbei die Seite des Tores für ihre Abwehrhandlung fokussiert, an der am Block vorbeigeworfen wird. Aus der Perspektive der Torhüter*innen bedeutet dies: Wird der Ball links am Block vorbeigeworfen, muss die linke Seite des Tores abgedeckt werden; wird der Ball rechts am Block vorbeigeworfen, muss die rechte Seite des Tores abgedeckt werden. Spieler*innen auf höchstem Niveau sind durchaus in der Lage, ihre Würfe aus den beschriebenen Situationen auch in die andere Seite des Tores zu lenken. Spieler*innen mit entsprechenden Fähigkeiten können durch Spielanalysen ausfindig gemacht und die Abwehrhandlungen bei ihren Würfen entsprechend angepasst werden (Kap. 7).

Bei Würfen ohne Block oder wenn der Block übersprungen wird, hilft eine möglichst schnelle Antizipation der Angriffshandlung dabei, das Wurfziel zu identifizieren.

Abwehr von Gegenstößen

Die Erfolgswahrscheinlichkeit, Bälle aus Gegenstoßsituationen abzuwehren, ist gering, da sich kein*e Verteidiger*in mehr zwischen Werfer*in und Tor befindet (< 25 %, u. a. Hansen et al. 2017). Die Werfer*innen können meist mit hoher Dynamik ihren Sprung vor dem Torwurf in den zentralen Raum steuern und sich in optimale Abschlusssituationen bringen. Trotz der geringen Erfolgswahrscheinlichkeit, bietet diese Situation auch für die Torhüter*innen relativ viel Zeit, Vorinformationen zu Anlauf, Körperhaltung, Raum und Geschwindigkeit mit dem Wissen über Wurfpräferenzen zu verarbeiten. Damit lässt sich in solchen Situationen die Anpassung der Grundposition präzise vornehmen, sowie die Wurfabwehrhandlung planen und zielgerichtet anwenden.

Die Erwartungshaltung liegt in diesen Situationen bei den Werfer*innen, was vor allem in Stresssituationen den Druck erhöht (z. B. enger Spielstand kurz vor Ende der Spielzeit). Mit der entsprechenden Lockerheit bietet sich für Torhüter*innen dabei die Möglichkeit, unkonventionelle und kreative Lösungen in der Wurfabwehr umzusetzen.

Abwehr von 7-m Würfen

Ähnlich wie bei den Gegenstößen liegt der Druck in den 7-m-Strafwurfsituationen bei den Werfer*innen, da deren durchschnittliche Erfolgswahrscheinlichkeit bei ca. 74 % liegt (u. a. Hansen et al. 2017). 7-m Würfe bieten daher den Torhüter*innen eine Situation, in der sie mit den Werfenden spielen können. Aufbauend auf Vorinformationen (z. B. Muster im Wurfverhalten, Verhalten nach Misserfolg) lässt sich für die Abwehr von 7-m Würfen ein klarer Plan entwickeln, welcher in dieser Situation Sicherheit geben kann. In der Umsetzung dieses Plans geht es darum, Ball und Wurfarm zu beobachten, Signale zu erkennen und diese von eventuellen Täuschungshandlungen zu trennen. Eine adäquate Lockerheit im Umgang mit Misserfolgen in dieser Situation kann weiterhin einen Beitrag dazu leisten, in der nächsten 7-m Situation die eigene Erfolgswahrscheinlichkeit zu erhöhen.

Zur Organisation und Struktur von Training

4

Aufbauend auf den inhaltlichen Aspekten der vorangegangenen Abschnitte werden im Folgenden praktische Empfehlungen auf methodischer Ebene zur Umsetzung von Trainingseinheiten gegeben.

4.1 Organisationsformen des Trainings

Bei Betrachtung der unterschiedlichen Spielphasen eines Handballspiels ist die Spielposition Tor in drei der vier Phasen (Verteidigung, Gegenstoß und Rückzug) intensiv mit eingebunden (Abb. 2.2; Fasold und Nicklas 2023). Auch wenn Torhüter*innen in der Angriffsphase aus physiologischer Sicht eine Pause haben, müssen sie das Angriffsspiel des eigenen Teams aktiv beobachten, um rechtzeitig auf die Umschalt- und Verteidigungsphase vorbereitet zu sein. Diese Integration der Spielposition Tor in alle Spielphasen sollte sich auch im Trainingsprozess wiederfinden. In Bezug auf den Trainingsalltag werden hier zwei Formen des spezifischen Trainings unterschieden und hierzu grundlegende methodische Prinzipien beschrieben (angelehnt an Biegler 2012; Fasold et al. 2022).

Integriertes Training
In einem Teamtraining für Feldspieler*innen endet ein Großteil der Übungs- und Spielformen mit Torwürfen. Die Torhüter*innen sollten diese Torwürfe nicht einfach nur parieren; diese Würfe sollten vielmehr zur spezifischen Schulung genutzt werden. Erst wenn es in freie Spielformen geht, sollte auch auf der Torhüter*innen-Position frei gespielt werden.

© Der/die Autor(en), exklusiv lizenziert an Springer-Verlag GmbH, DE, ein Teil von Springer Nature 2024
P. Engel und F. Fasold, *Spiel und Training im Handballtor*, essentials,
https://doi.org/10.1007/978-3-662-69267-7_4

Für das integrierte und damit simultan ablaufende Torhüter*innentraining werden verschiedene Prinzipien aufgestellt, die einzeln angewendet, aber auch beliebig kombiniert werden können. Dabei ist es nicht möglich, immer alles zu fokussieren, vielmehr sollten die Fähig- und Fertigkeiten von Torhüter*innen Stück für Stück weiterentwickelt werden.

Das Prinzip der Vereinfachung durch Wurfvorgaben Die Feldspieler*innen werden instruiert, innerhalb einer Übungsform nur in bestimmte Bereiche des Tores zu werfen (z. B. nur flach). Die Torhüter*innen kennen die Vorgaben und können sich somit voll auf die Ausführung der hierzu passenden Paraden und Handlungen konzentrieren.

Das Prinzip der Variation von Bewegungen Die Torhüter*innen müssen ihre Handlungen in unterschiedlichen Varianten durchführen (z. B. große vs. kleine Bewegungen, schnelle vs. langsame Bewegungen). Diese Variationen einer bestimmten Handlung sollen die individuell optimale Handlung im Besonderen herausfordern und unterstützen.

Das Prinzip der Veränderung der Grundposition Die Torhüter*innen dürfen die Bälle frei abwehren, müssen dies aber aus sehr offensiven (Bogenlinie auf 2–2,5 m) oder sehr defensiven Positionen (auf der Torlinie) tun. Die Anforderungen an ihre Handlungsauswahl ist damit verändert und ihre Wahrnehmung von Raum und Situationen wird herausgefordert.

Das Prinzip von Aktion, Reaktion und Täuschungen Die Torhüter*innen handeln in ihrem Spiel frei und müssen ihre Handlungen sehr spät als reine Reaktion oder sehr früh als Aktion (z. B. spekulieren auf eine Ecke) durchführen. Eine dritte Variante ist das Spiel mit Täuschungen: In jeder Handlung soll den Werfenden durch Positionierung und Aktionen eine Ecke oder ein bestimmter Wurf angeboten werden.

Das Prinzip des freien Spiels im Spiel Dürfen die Feldspieler*innen in einem Grundspiel oder Zielspiel frei spielen, sollten auch die Torhüter*innen ebenfalls frei spielen dürfen. Die schließt spezifische taktische Vorgaben (z. B. Trainingsschwerpunkte) nicht aus.

Separiertes Training
Im separierten Training arbeiten Torhüter*innen in eigenen Spiel- oder Übungsformen, losgelöst vom Training der Feldspieler*innen. Es ist dabei nicht ausge-
schlossen, dass Feldspieler*innen zur Umsetzung der Torwürfe an diesem Training
teilnehmen. Eine solche Trainingsform bietet sich vor allem in den Phasen des
Neulernens oder zur Arbeit an spezifischen Potenzialen und den entsprechenden Fehlerbildern an. Hierbei kann eine Fertigkeit (z. B. Abwehr hoher Bälle)
in hohen Wiederholungszahlen geschult werden. Zur Gestaltung von solchen
Trainingseinheiten wird die Beachtung folgender Prinzipien empfohlen:

Das Prinzip der Torwürfe aus realistischen Distanzen Spezifische Bewegungen
sollten immer gegen Würfe aus realistischen Distanzen ausgeführt werden. Diese
Distanzen können zur Vereinfachung oder Erschwerung punktuell variiert werden.
Wenn beispielsweise die Abwehr von Würfen nach Durchbrüchen geschult wird,
dann sollten die Würfe aus den entsprechenden Distanzen erfolgen.

Das Prinzip der Steuerung der Bewegungsgeschwindigkeit Die Bewegungen in
Slow Motion oder auch in überhöhter Geschwindigkeit durchzuführen, schult zum
einen die Bewegungsvorstellung und fördert zum anderen das Finden der eigenen
optimalen Bewegungsgeschwindigkeit.

Das Prinzip des autogenen Trainings Die Torwurfabwehr darf in einem sepa-
riertem Training punktuell auch ohne geworfene Bälle stattfinden. Die Aktionen
in „Pantomime" sollten immer mit einem starken Fokus auf die Vorstellungskraft
der Torhüter*innen durchgeführt werden: Sie müssen sich einen imaginären Ball
vorstellen, den sie abwehren.

Das Prinzip azyklischer und einmaliger Aktionen Handlungen im Handballtor
sind azyklisch und einmalig. Aus einer variablen Position müssen Torhüter*innen
eine optimal schnelle und maximal präzise Bewegung ausführen, danach ist die
Aktion beendet. Wurfserien, in denen die Torhüter*innen rhythmische Aktionen
ausführen, sind diesem Prinzip folgend, als Schulungsinhalt unpassend.

Das Prinzip von Qualität vor Quantität Auch wenn hohe Wiederholungszahlen
ein Teilziel solcher separierten Trainings sind, sollte eine Übungsform dann beendet
werden, wenn die Bewegungsqualität leidet.

Das Prinzip ausgewogener Erfolgs-/Misserfolgs-Bilanzen Der Schwierigkeitsgrad der Aktionen gegen die Torwürfe sollte so gewählt werden, dass mindestens (!)

jeder zweite Ball erfolgreich abgewehrt werden kann. Um Handlungen im Gehirn positiv zu verankern sind Erfolge wichtig. Misserfolge haben, in überschaubarem Umfang, ebenfalls einen Stellenwert: Sie halten die Aktionen spannend und motivieren zum Besserwerden.

4.2 Struktur von Trainingseinheiten

Unabhängig davon, ob Trainings integriert oder separiert durchgeführt werden, wird hier eine dreiphasige Strukturierung von Trainingseinheiten vorgeschlagen (Warm-Up, Üben/Spielen, Wettbewerb).

Warm-Up Das spezifische Warm-Up für Torhüter*innen soll optimal für die Trainings- und Spielbelastungen vorbereiten. Weiter soll es verletzungspräventiv wirken und auf kognitiv-motivationaler Ebene den Fokus auf das Training lenken.

Aufgrund der hohen Anforderungen der positionsspezifischen Handlungen an die Beweglichkeit ist es sinnvoll, das Warm-Up mit Mobilisationen zu starten. Dabei sollte Abstand vom traditionellen statischen Dehnen genommen werden; stattdessen bieten sich aktive und dynamische Formen des Stretchings an (u. a. Peck et al. 2014).

Darauf sollte eine Phase zur Herz-Kreislauferwärmung folgen. Lineares Laufen stellt hierfür eine Möglichkeit dar. Empfohlen werden jedoch spielerische Aktivitäten, in denen sich die Intensität variabel verhält, allerdings kontrollierbar bleibt (z. B. Hochhaltespiele mit Bällen). Solche Spielformen bieten weitere Vorteile wie beispielsweise kognitive Aktivierungen (z. B. Erkennen von Flugbahnen des Balles).

Auch für Torhüter*innen empfiehlt sich eine Schulteraktivierung durch Passspiel, das jedoch im spezifischen Handlungsraum durchgeführt werden sollte (z. B. Pässe von Torraum zur Mittellinie). Weiter lassen sich solche Übungsformen mit Bewegungs- und Beobachtungsaufgaben kombinieren. Dazu können sich die Torhüter*innen den Ball beispielsweise selbst von vorne nach hinten durch die Beine spielen, sodass der Ball wegrollt. Dieser soll erlaufen und zielgerichtet zur Mittellinie gepasst werden.

Zu weiterer Spezifizierung des Warm-Ups eignen sich Paraden gegen vorgegebene Würfe mit mittlerer Wurfintensität. Hierbei sollte den tatsächlichen Bewegungshandlungen im Tor Rechnung getragen werden. Rhythmische Wurfserien in unterschiedliche Ecken des Tors sollten ersetzt werden durch Wurfserien mit Vorgabe, bei denen die Torhüter*innen immer wieder die Möglichkeit haben, in ihre Grundposition zurückzukehren. Die Pause zwischen zwei Würfen sollte dabei variabel gestaltet sein, um dem Prinzip der azyklischen und einmaligen Bewegungen gerecht zu werden. Für die Vorbereitung von Nahdistanzwürfen können die Pausenzeiten zwischen einzelnen Würfen weiter verlängert werden, damit die Torhüter*innen aus offensiven Abwehrhandlungen fokussiert in ihre Grundposition zurückkehren können.

Anschließend empfiehlt es sich, das Warm-Up von Torhüter*innen und Feldspieler*innen zu kombinieren. Würfe sollten aus einfachen kooperativen Handlungen (z. B. nach Kreuzungen) gegen ein Blockspiel erfolgen, um den Fokus der Torhüter*innen auf spezifische Signale zu lenken. Gleiches sollte für weitere Wurfsituationen gelten (z. B. Würfe von den Außenpositionen nach 2:1 Situation, Würfe aus der Nahdistanz nach Zweikämpfen).

Üben und Spielen Nach dem Abschluss des Warm-Ups werden in Spiel- und Übungsformen spezifische Inhalte trainiert. Diese Inhalte lassen sich den Themen in Kap. 2, 3, 5 und 6 entnehmen und mit den entsprechenden methodischen Hinweisen umsetzen.

Wettbewerb Alle Torhüter*innen sollten nach der Spiel- und Übephase die Möglichkeit bekommen, sich in Wettbewerben erproben zu können. In integrierten Trainingseinheiten fällt dies leicht, da Trainingseinheiten von Feldspieler*innen meist mit Grund- oder Zielspielen enden. Wichtig ist dabei nur, dass die Torhüter*innen ihren Fokus auf die zuvor trainierten Fähig- und Fertigkeiten lenken.

In separierten Trainings lassen sich nur schwer Wettbewerbe aus realen Spielsituationen erzeugen, da selten Feldspieler*innen an diesen Trainings teilnehmen. Hier gilt es, die zuvor durchgeführten Spiel und Übungsformen mit kompetitiven Zielen zu füllen und so vor allem den psychologischen Belastungsdruck zu erhöhen. Hierbei sind einfache Wettbewerbe denkbar, bei denen das Gelingen und Misslingen von Aktionen im Fokus steht.

Training der Fähig- und Fertigkeiten auf der Spielposition Tor

5

Die Anforderungen an die Spielposition Tor zeichnen sich durch einen hohen Grad an Individualität und Spezifität aus. Diesen beiden Faktoren sollte in jedem Training Rechnung getragen werden. Torhüter*innen und Feldspieler*innen verfügen über unterschiedliche Wurftechniken. Um die Handlungen gegen die entsprechenden Wurfmuster zu trainieren, ist es daher auch von hoher Relevanz, im Training der Torhüter*innen Würfe von Feldspieler*innen einzubauen.

Die unterschiedlichen Fähig- und Fertigkeiten, die notwendig sind, um die in Kap. 2 beschriebenen Handlungsfähigkeit zur Bewältigung der spezifischen Aufgaben zu erlangen oder zu verbessern, werden folgend aufgezeigt.

Die zu schulenden Fähig- und Fertigkeiten werden in Lernmodule zusammengefasst, die unterschiedliche Progressionsstufen beinhalten. Orientiert an Leistungs- und Entwicklungsstand der Torhüter*innen können die Inhalte an einem Modul oder an einer Kombination der Module ausgerichtet sein.

Im grundlegenden Teil der Module werden die wichtigsten inhaltlichen Aspekte (u. a. Aufgabe, Handlungsprinzipien) exemplarisch dargestellt. Darauf aufbauend werden Hinweise zur Steuerung der Progressionsstufen vorgestellt. Am Ende dieses Kapitels werden Beispiele zu unterschiedlichen Kombinationen der Module und deren Anwendung aufgezeigt.

Das Trainingsziel „Bälle halten" und die Anwendung des in Kap. 3 beschriebenen finalen Handlungsprinzips (parieren durch handeln statt reagieren) sollte sich dabei in jeder Aktion wiederfinden.

© Der/die Autor(en), exklusiv lizenziert an Springer-Verlag GmbH, DE, ein Teil von Springer Nature 2024
P. Engel und F. Fasold, *Spiel und Training im Handballtor*, essentials,
https://doi.org/10.1007/978-3-662-69267-7_5

5.1   Modul „Ball fokussieren"

In Kap. 3 wurde das Handlungsprinzip beschrieben, den Fokus auf den Ball und den Wurfarm zu lenken, um daran Signale zu erkennen, wie und wohin der Ball geworfen wird. Da die Wahrnehmung dieser Signale als Grundlage der erfolgreichen Wurfabwehr gesehen wird, sollte sie auch in den anderen Modulen thematisiert werden.

Um nicht von den zentralen Inhalten des Moduls abzulenken, wird die in Kap. 3 beschriebene Handlungsfolge auf die letzten beiden Prinzipien (Ball fokussieren, handeln) reduziert. Gerade zu Beginn des langfristigen Leistungsaufbaus empfiehlt es sich, dass die Torhüter*innen sich in der Position befinden, aus der die Parade gegen den Wurf erfolgt. In den Übungsformen sollte deshalb der Ort des Wurfes vorher bekannt sein; die Torhüter*innen starten nicht in der Grundposition, sondern in der Position zur Wurfabwehr.

Grundlegender Übungsaufbau

Im Folgenden wird am Beispiel der Wurfabwehr gegen Durchbrüche im breiten Raum (ohne Kontakt zwischen Halb- und Außenabwehrspieler*in; Abb. 3.4) beschrieben, wie sich das Modul inhaltlich aufbaut.

Die Werfenden stehen in der Position, aus der der Abschluss erfolgen würde (im Torraum). Die Torhüter*innen befinden sich in der Position, aus welcher sie den Wurf abwehren sollten (in diesem Fall defensiv).

Strecken die Werfer*innen den Wurfarm deutlich zur Wurfarmseite, erfolgt ein Wurf auf diese Seite des Tores. Nehmen die Werfer*innen ihren Arm für den Wurf deutlich über den Kopf Richtung der Wurfarmgegenseite, erfolgt ein Wurf auf die andere Seite (Abb. 5.1).

Progressionsstufen

Die Progressionsstufen in diesem einfachen Übungsaufbau sehen vor, dass die Signale deutlicher gezeigt oder verschleiert werden.

1. Es werden einhändige und beidhändige Würfe auf das Tor abgegeben. Erfolgt der Wurf von Rechtshänder*innen einhändig, geht der Wurf auf die linke Seite (aus Sicht der Torhüter*innen), erfolgt der Wurf beidhändig, geht er auf die rechte Seite des Tores.
2. Schon in der Ausholbewegung signalisieren die Werfer*innen, ob der Arm über den Kopf geht oder weit zur Seite gestreckt wird und werfen den Ball auf die entsprechende Seite (Abb. 5.2).

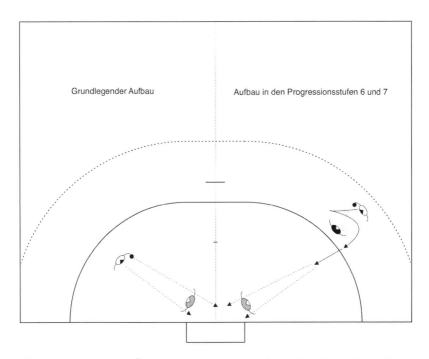

Abb. 5.1 Grundlegender Übungsaufbau und ein Beispiel zu den Progressionsstufen im Modul „Ball fokussieren"

Abb. 5.2 Die Position des Wurfarmes gibt die Wurfrichtung vor

3. Der Ball wird von den Werfenden vor dem Wurf in eine neutrale Position nach oben geführt und erst sehr spät durch die Wurfarmführung angezeigt, ob der Arm über den Kopf geht oder zur Wurfarmseite gestreckt wird.
4. Die Bewegungen des Wurfarmes werden durch Bewegungen des Körpers ergänzt. Die Werfer*innen geben dabei über ihre Körperhaltung konträre Signale zu ihrem Wurfziel. Kippen Rechtshänder*innen nach links (gegen ihre Wurfhand), bleibt der Arm gestreckt und der Wurf wird wie in Stufe 2 abgegeben. Kippen die Werfenden zur Wurfhand, wird der Ball über den Kopf genommen und der Wurf auf die andere Seite abgegeben.
5. Die Feldspieler*innen wenden Täuschungen mit Wurfarm, Körperhaltung und Blick an, um das Wurfziel zu verschleiern.
6. Die Werfer*innen führen eine reale Angriffshandlung zum Durchbruch durch (z. B. 1-gegen-1, Sprungwurf), wobei der Ort des Wurfes möglichst konstant bleibt, sodass die Torhüter*innen ihre Position nicht anpassen müssen (Abb. 5.1). Der Wurf erfolgt wie in den Stufen 1 bis 4.
7. Stufe 5 und Stufe 6 werden kombiniert.

Durch einfache Aufgabenanpassung lässt sich dieser Übungsaufbau auch zur Schulung der Handlungen gegen alle weiteren Würfe aus der Nahdistanz nutzen (z. B. Würfe von der Kreisposition, Würfe von den Außenpositionen).

5.2 Modul „Positionierung in der Breite"

Ein grundlegendes Handlungsprinzip in Kap. 3 beschreibt die Anpassung der Position in Tiefe und Breite. Diese Anpassung wird zur präziseren Schulung in zwei Module getrennt. Zunächst wird auf die Anpassung in der Breite eingegangen.

Grundlegender Übungsaufbau
Der Übungsaufbau wird exemplarisch zur Abwehr von Würfen von der Kreisposition aus zentralem Raum beschrieben. Die Werfenden stehen mit Ball in Wurfauslage im Torraum nahe der Torraumlinie. Die Torhüter*innen stehen dagegen schon in der passenden offensiven Position (der Fokus des Moduls liegt einzig auf den Korrekturen in der Breite; Abb. 5.3).
Die Werfenden sollen nun durch ein bis zwei schnelle Schritte zur Seite (rechts, links) ihre Position vor dem Wurf verändern. Die Würfe aus dieser Position müssen an den Entwicklungs- und Leistungsstand der Torhüter*innen angepasst sein

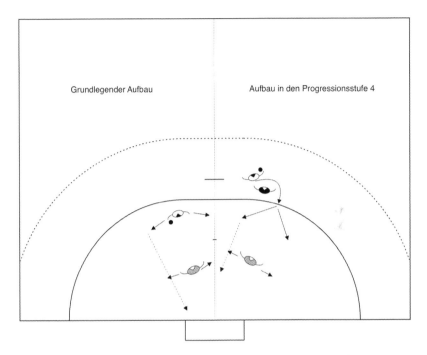

Abb. 5.3 Grundlegender Übungsaufbau und ein Beispiel zu den Progressionsstufen im Modul „Positionierung in der Breite"

und nach Vorgabe (z. B. keine Trickwürfe, nur auf Wurfarmseite) oder bei hohem Leistungsstand auch frei erfolgen.

Die Torhüter*innen sollen nun - dem in Kap. 3 beschriebenen Grundprinzip folgend - durch seitliche Schritte ihre Position anpassen, um optimal zwischen Ball und Tor positioniert zu bleiben. Sie können auch bewusst den Raum offen lassen (Wurf provozieren), um diesen dann mit einer Parade zu schließen (Abb. 5.4).

In Bezug auf die technische Umsetzung der seitlichen Bewegungen sollten die Füße flach über den Boden geführt werden (große Schritte und Kreuzschritte vermeiden).

Progressionsstufen
Die Progressionsstufen sehen hier wieder eine Veränderung des Signals, vor allem aber eine Variation der Handlungsgeschwindigkeit vor.

Abb. 5.4 Die bewusste Öffnung eines Raumes soll zu einem Wurf verleiten

1. Die Werfer*innen und Torhüter*in stehen bereits in der erforderlichen Position. Die Werfer*innen bewegen sich in einem langsamen Tempo seitlich und werfen entsprechend einer Vorgabe. Die Torhüter*innen verfolgen diese Bewegung über kleine Schritte und bleiben in der erforderlichen Position.

2. Die Handlungsgeschwindigkeit bleibt gleich wie in Stufe 1, der Wurf erfolgt entsprechend der Wurfarmführung (z. B. Arm über Kopf linke Seite). Der Fokus liegt damit zusätzlich auf dem Erkennen eines spezifischen Signals.

3. Die Bewegungsgeschwindigkeit der Werfer*innen wird erhöht, sodass sich der Zeitdruck erhöht und die Torhüter*innen schneller ihre Position finden müssen.

4. Die Werfer*innen führen nach einer spielnahen Vorbewegung außerhalb des Torraumes (z. B. Drehung nach Ballannahme), unter Einhaltung des Regelwerkes ihre Würfe aus. Sie versuchen dabei von den bereits positionierten Torhüter*innen variabel wegzuspringen, sodass diese ihre Position anpassen müssen (Abb. 5.3).

5.3   Modul „Positionierung in der Tiefe"

In diesem Modul steht die Anpassung der Position in der Tiefe im Fokus.

Grundlegender Übungsaufbau

Die Grundlage des Übungsaufbaus besteht darin, dass die Werfenden einen Rückraumwurf abgeben können oder einen Pass für einen Abschluss in der Nahdistanz spielen (in diesem Beispiel auf die Außenposition). Der überwiegende Teil der Würfe sollte auch von der Außenposition erfolgen, ca. 20–30 % der Würfe erfolgen als Rückraumwurf.

Die Torhüter*innen stehen damit in ihrer Grundposition (auf ihrer Bewegungs-linie, Abb. 3.1). In dieser Position sind sie bereit, die Würfe aus dem Rückraum abzuwehren (und tun dies, falls einer erfolgt). Erfolgt kein Wurf, sondern der Pass nach Außen, verlassen die Torhüter*innen die defensive Grundposition und nehmen eine offensive Position zur Wurfabwehr ein (Abb. 5.5).

Progressionsstufen

1. In dem Moment, in dem die Werfenden von der Außenposition den Pass aus dem Rückraum empfangen und ihren Anlauf beginnen, bewegen sich die Tor-hüter*innen aus der defensiven Grundposition in eine offensive Position. Sie versuchen das Timing so anzupassen, dass sie vor der Parade stehen können. Die Werfer*innen werden eingeschränkt, in dem sie immer von einem ähnlichen

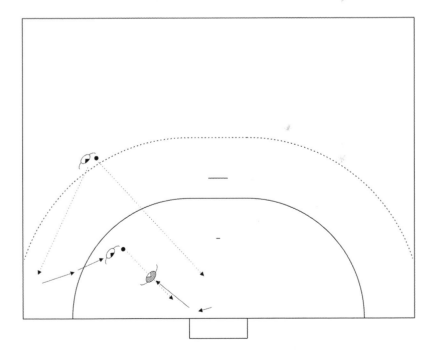

Abb. 5.5 Grundlegender Übungsaufbau im Modul „Positionierung in der Tiefe"

Abb. 5.6 Der Fokus der Torhüter*innen sollte auf den Ball und Wurfarm gerichtet sein

Abschlussort (gleiche/r Anlauf, Absprung, Sprungrichtung) und nach Vorgabe werfen (z. B. Würfe auf die linke Seite des Tores).

2. Wie in Stufe 1 wird der Abschlussort festgelegt. Die Werfenden müssen über eine sehr deutliche und früh erkennbare Wurfarmführung ein Signal zur Wurfrichtung geben (siehe oben). Die Aufgabe der Torhüter*innen ist es, den Ball aus einer stehenden Position zu fokussieren und somit zu parieren (Abb. 5.6). Die Anpassung der Position in der Tiefe muss vor der Parade abgeschlossen sein.

3. Die Werfenden dürfen zusätzlich zu den Wurfvorgaben (siehe Stufe 2) Trickwürfe wie Heber oder Dreher anwenden.

4. Während Anlauf, Absprung und Abwurfort immer noch stabil gehalten werden, dürfen die Werfer*innen ihre Würfe frei wählen.

5. Der Abwurfort wird nun variabel gestaltet. Die Werfer*innen dürfen also zur Seite wegspringen, sodass die Torhüter*innen ihre offensive Position frühzeitig finden und anschließend Anpassungen in der Breite vornehmen müssen (siehe Abschn. 5.2).

5.4   Modul „Grundposition"

Im hier beschriebenen Modul wird das Einnehmen und Halten der (defensiven) Grundposition auf der Bogenlinie vor der Grundlinie (Abb. 3.1) geschult. Aus dieser Grundposition stehen nicht die Anpassung der Position gegen Würfe aus der Nahdistanz (Abschn. 5.2, 5.3) im Fokus, sondern die Handlungen aus dieser Position gegen Würfe aus der Ferndistanz.

Grundlegender Übungsaufbau

Im grundlegenden Übungsaufbau spielen sich Spieler*innen Pässe auf den Rückraumpositionen zu, um für die Torhüter*innen spezifische Vorbewegungen auf der Bogenlinie zu initiieren. Pfostenberührungen werden bei diesen Bewegungen vermieden. Es wird durchgehend die frontale Position auf der Winkelhalbierenden zwischen Tor und Ball eingenommen, auch während des Passspiels der Rückraumspieler*innen (Kap. 3). Die Werfenden befinden sich auf den Rückraumpositionen in den Ferndistanzräumen (Abb. 3.3). Zwischen den Werfenden und dem Tor sind Blockspieler*innen oder Airbodies positioniert (ca. 7–8 m vom Tor entfernt). Torwürfe erfolgen nach Pässen auf den Rückraumpositionen. Die Würfe (Schlag- und Sprungwürfe) werden dabei nahe des Blocks oder der Airbodies abgegeben.

Progressionsstufen

Die Progressionsstufen, die in der Folge genannt werden, sollen vor dem Hintergrund nicht linearer Lernprozesse (vgl. Abschn. 1.1) durch Zusatzaufgaben manipuliert werden (siehe Abschn. 4.1; z. B. Veränderung der Position der Arme, Breite der Beine, Gewichtsverlagerung auf den Füßen).

1. Die Würfe werden am Block/Airbody vorbei abgegeben. Die Aufgabe der Werfenden ist es, auf die Seite des Tores zu werfen, an der sie auch am Block vorbei werfen (z. B. links am Block vorbei, linke Seite des Tores). Die Torhüter*innen müssen die Seite des Wurfes erkennen und mit dem paradenfernen Bein einen Abdruck in diesen Raum schaffen (Ball links halten - Abdruck mit rechts, Ball rechts halten – Abdruck mit links).
2. In dieser Stufe werden die Würfe frei, also ohne Block/Airbody, abgegeben. Wichtig ist lediglich das Einhalten der Fernwurfdistanz. Für die Torhüter*innen geht es hier primär um die Beobachtung des Wurfes und die Antizipation des Wurfziels (Seite und Höhe des Wurfes).
3. Es werden Würfe mit oder ohne Block abgegeben. Dazu bewegen sich die Werfenden entweder gerade auf den Block/Airbody zu (Würfe wie in Stufe 1) oder sie bewegen sich in den Raum neben den Block und kommen zu freien Würfen

(wie in Stufe 2). Der Fokus der Torhüter*innen liegt neben dem Einnehmen der Grundposition auf dem Erkennen, ob es einen Block und damit ein Wurfmuster gibt oder ob sie ausschließlich den Wurf beobachten sollen.

4. In der letzten Progressionsstufe wird das Blockspiel (keine Airbodies mehr) aktiv gestaltet. Hier sollen die Werfenden sich durch Passspiel in eine gute Wurfposition bringen (auch Kreuzungen o.ä. sind zulässig). Die Blockspieler*innen versuchen dagegen, sich in optimale Positionen zu bringen. Die Aufgabe der Torhüter*innen gleicht der in Stufe 3.

▶ **Prioritäten der Module**

Auch wenn in Kap. 3 die Handlungsprinzipien in einer Handlungsfolge dargestellt sind, muss die Schulung nicht dieser entsprechend erfolgen. Es wird hier jedoch davon ausgegangen, dass die im Modul „Ball fokussieren" (Abschn. 5.1) beschriebenen Inhalte die größte Relevanz und damit auch die höchste Priorität haben. Fehler in den Positionierungen können mit einem gelungenen Fokus auf dem Ball/Wurfarm sowie der Antizipation des Wurfzieles wahrscheinlich besser ausgeglichen werden als andersherum. Die Module zu den Positionierungen (Abschn. 5.2, 5.3 und 5.4) sind in den Prioritäten gleichzusetzen, da sie in den spezifischen und komplexen Wurfabwehrhandlungen stark miteinander verknüpft sind.

5.5   Verknüpfung und Kombination der Module

Die Inhalte und Umsetzung der zuvor beschriebenen Module sind nicht immer komplett isoliert voneinander zu betrachten. Für den Einstieg ins spezifische Training mit Anfänger*innen bieten sie jedoch die Möglichkeit, spezifische Inhalte isoliert zu fokussieren und damit die Komplexität der Handlungen auf ein lernförderliches Niveau zu reduzieren.

Mit zunehmendem Expertiseniveau ist es unumgänglich, die verschiedenen Module zu kombinieren, um eine größere Spielnähe herzustellen. Dies ist vor allem vor dem Hintergrund sinnvoll, dass das Training spezifischer Handlungen auch im Kontext spielnaher visueller Reize und Signale durchgeführt werden sollte. In der Kombination der Module sollte auch der Positionsspezifik der Werfenden Rechnung getragen werden (z. B. Außen werfen von der Außenposition, Rückraumspieler*innen aus der Ferndistanz).

Exemplarisch sollen hier verschiedene Kombinationen und Varianten aus dem modularen Training aufgezeigt werden.

Abwehr von Würfen nach Durchbrüchen
Die Werfenden sind auf den Positionen Rückraumlinks und Rückraumrechts in der Ferndistanz positioniert. Nach einem Doppelpass mit der Position Rückraummitte gehen sie in eine 1- gegen-1 – Situation gegen eine*n passive*n Verteidiger*in (Abb. 5.7). Nach dem 1-gegen-1 springen sie in Richtung Grundlinie und geben den Torwurf ab. Die Würfe werden mit entsprechender Wurfarmführung wie im grundlegenden Aufbau und der Progressionsstufe 2 im Modul „Ball fokussieren" abgegeben (Abschn. 5.1).

Die Torhüter*innen stehen während des Pass-Spiels in ihrer Grundposition gegen den Ball (Abschn. 5.4). Weiterhin antizipieren sie den Durchbruchsraum und den Abwurfort, um ihre Position in Breite (Abschn. 5.2) und Tiefe (Abschn. 5.3) zu

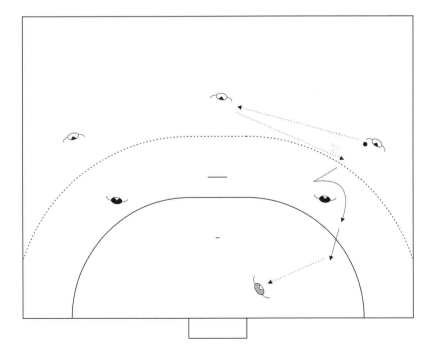

Abb. 5.7 Grundlegender Übungsaufbau für Abwehr von Würfen nach Durchbrüchen

finden. Nach den dargestellten Inhalten in Abschn. 3.1 bietet es sich an, eine Parade mit kleinen Bewegungen aus einer defensiven Position umzusetzen.

Zur Steigerung der Schwierigkeit können freie Würfe abgegeben und/oder der Kontakt der Verteidiger*innen zu den Werfenden erhöht werden. Damit steigen die Anforderungen zur Antizipation des Abwurfortes und des Wurfzieles.

Eine Variation ist möglich, indem aus den gleichen Pass-Rückpass-Aktionen die Werfenden nach dem 1-gegen-1 auch zur Mitte springen dürfen. Die Torhüter*innen müssen dies nun frühzeitig antizipieren (Kap. 3) und ihre Position in Tiefe und Breite anpassen. Wie in Abschn. 3.1 wird hier eine offensivere Position vor der Abwehrhandlung empfohlen.

Abwehr von Würfen aus der Ferndistanz
Es wird eine 2-gegen1 Situation in einem zentralen Sektor gespielt (Abb. 5.8). Ziel der Werfenden ist es, über ein Pass-Rückpass-Spiel (mehrere Pässe sind erlaubt) in eine gute Wurfposition zu kommen. Der*die Blockspieler*in hat dabei immer das Ziel, eine Seite des Tores zu verteidigen. Aufgabe der Torhüter*innen ist es zu erkennen, auf welcher Seite der Ball vorbei geworfen wird und diese entsprechend abzudecken (Abb. 5.9). Während des Passspiels soll die Grundposition immer angepasst werden.

Eine Erweiterung hierzu ist ein einfaches 3-gegen-2 Spiel in festgelegten Bereichen. Die drei Werfer*innen dürfen nur außerhalb des 9-m-Raumes zum Wurf abspringen beziehungsweise Schlagwürfe nur außerhalb des 9-m-Raumes abgeben. Die zwei Blockspieler*innen dürfen nur in der Zone zwischen Torraumlinie und 9-m-Linie verteidigen. Die Torhüter*innen müssen antizipieren, ob sie einen Block als Hilfe bekommen oder ob sie frei gegen den Wurf agieren müssen.

Abwehr von Würfen aus komplexen Spielsituationen
Der grundlegende Aufbau orientiert sich an der oben genannten Abwehr von Würfen gegen Durchbrüche (Abb. 5.7). Alle Werfer*innen dürfen nun entweder den Durchbruch mit freien Würfen durchführen oder sich vor der Durchbruchssituation für einen Schlagwurf entscheiden. Die Schlagwürfe werden in der Nähe oder verdeckt durch den*die Verteidiger*in abgegeben und können mit den bekannten Wurfvorgaben (Abschn. 5.4) ausgeführt werden.

Zur weiteren Steigerung der Komplexität der Spielsituation werden Verteidiger*innen und Werfer*innen auf den Außenpositionen ergänzt. Die Werfer*innen auf den Positionen Rückraumrechts und -links dürfen nun, nachdem sie sich für einen Durchbruch nach außen entschieden haben, den Ball auch zur Außenposition spielen. Die Verteidiger*innen passen ihre Positionierungen und ihr Verteidigungsverhalten so an, dass variable Situationen entstehen, es allerdings zu Torwürfen

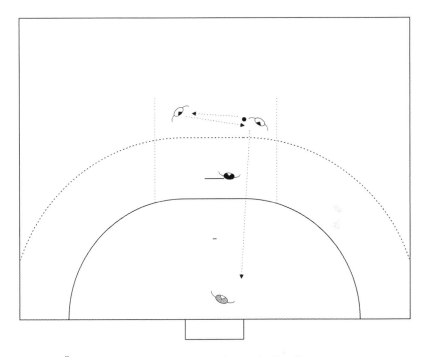

Abb. 5.8 Übungsaufbau zur Abwehr von Würfen aus der Ferndistanz

kommt. Die Torhüter*innen sind dadurch mit Würfen aus der Ferndistanz (Schlagwürfe) oder aus der Nahdistanz konfrontiert (Außen und Durchbruch) und können die Anwendung der Handlungsprinzipien gegen diese Würfe trainieren.

Integration von der Spieleröffnung und Bezug zu den Belastungsparametern
Da die spielnahe Handlungsfolge von Torhüter*innen nach jedem Torwurf auch die Spieleröffnung (Kap. 3) beinhaltet, sollte diese in Modulkombinationen und in komplexe Spielsituationen integriert werden. Am zuvor beschrieben Übungsbeispiel lassen sich nach dem Torwurf für die Feldspieler*innen Umschaltsituationen kreieren, bei denen die Torhüter*innen unter Beachtung der Spielprinzipien zur Spieleröffnung den Ball ins Spiel bringen.

Abb. 5.9 Torhüter*innen sollen in Situationen mit Block erkennen, an welcher Seite der Ball vorbeigeworfen wird

▷ Vor dem Hintergrund komplexer und spielnaher Situationen ist es relevant, die Belastungsparameter für die Torhüter*innen dementsprechend zu gestalten (Kap. 2). Die Belastungsparameter finden in der Häufigkeit der Würfe und in der Dauer intensiver Belastungen (z. B. Bälle holen) Beachtung. Das allgemeine Trainingsprinzip Qualität vor Quantität wird dem Lernprozess eher zuträglich sein als das Training der spezifischen Handlungen in Ermüdungszuständen.

Die vorangegangene beispielhafte Beschreibung der Module deckt die Primär- und Sekundäraufgaben (Kap. 2) von Torhüter*innen nicht vollumfänglich ab. Die Module wurden hierbei auf die Aufgaben reduziert, welche große Auftretenshäufigkeiten in einem Spiel haben. Orientiert an den beschriebenen methodischen Prinzipien und den beispielhaft dargestellten Modulen lässt sich auch das Training der Abwehr von Gegenstößen oder 7 -m-Würfen aufbauen.

Der folgende Teil beschäftigt sich mit grundlegenden Aspekten des Trainings auf motorischer und kognitiver Ebene.

6.1 Konditionelle Faktoren

Ausdauer

Die Belastungsanforderungen (Kap. 2) für Torhüter*innen zeigen, dass sehr kurzen aber hochintensiven Belastungen in der Wurfabwehr und der Spieleröffnung häufig Pausen von mehr als 30 s folgen. Auch wenn ein Wechsel durchgeführt wird (zusätzliche*r Feldspier*in), bleiben die Pausenzeiten hoch. Um eine Ermüdungs-Widerstandsfähigkeit zu diesem Belastungsprofil aufzubauen, empfiehlt sich ein Wechsel aus länger andauernden, niedrigintensiven Belastungen und Intervalltrainings mit sehr kurzen, hochintensiven Belastungen. Diese Trainings sollten läuferisch erfolgen, jedoch nicht nur aus zyklisch-linearem Laufen bestehen. Richtungswechsel in alle Bewegungsrichtungen sollten in diese Trainings eingebaut werden. Im Sinne der Entwicklung einer grundlegenden Ausdauerleistungsfähigkeit, die vor allem als Grundlage für eine schnelle Regenerationsfähigkeit nach Wettspielen und Trainingseinheiten dient, lassen sich auch andere Bewegungsformen wie Schwimmen, Radfahren oder Rudern nutzen. Hierbei bieten sich auch niedrigintensive Dauermethoden an.

Kraft

Um Bewegungen schnell und präzise ausführen zu können, ist ein hohes grundlegendes Kraftniveau erforderlich. Die Maximalkraft gilt dabei als Grundlage explosiver und schnellkräftiger Handlungen. Dafür sollten Krafttrainings mit sehr hohen Intensitäten bei niedrigen Wiederholungszahlen durchgeführt werden. Ob dies mit Zusatzlasten oder mit dem eigenen Körpergewicht umgesetzt wird, hängt vom Trainingsstatus, der Krafttrainingserfahrung und dem Trainingsziel ab. Die passenden Krafttrainingsformen hierzu sind Methoden zum neuromuskulären Koordinationstraining (relative Last = hoch, Wiederholungen = sehr wenig, Bewegungsgeschwindigkeit = explosiv), Schnellkrafttrainings (relative Last = mittel, Wiederholungen = wenig, Bewegungsgeschwindigkeit = explosiv) oder Reaktivkrafttrainings in Sprungformen (relative Last = eigenes Körpergewicht, Wiederholungen = wenig, Bewegungsgeschwindigkeit = explosiv) (Groeger et al. 2019). Die Pausenzeiten sollten dabei eine fast vollständige Erholung ermöglichen, um die nächste Bewegung mit maximaler Intensität ausführen zu können.

Krafttrainings, die ein Muskeldickenwachstum erzeugen (relative Last = mittel-hoch, Wiederholungen = bis zum Versagen, Bewegungsgeschwindigkeit = langsam bis zügig; Groeger et al. 2019), werden dann angewendet, wenn es an grundlegender Muskelmasse fehlt. Dabei ist zu beachten, dass ein Massezuwachs auch mit einem Geschwindigkeitsverlust einhergehen und die Gelenkbeweglichkeit einschränken kann.

Beweglichkeit/Mobilität

Die meist sehr explosiven Bewegungshandlungen auf der Position Tor erfordern nicht nur Präzision und Geschwindigkeit, sie müssen auch möglichst ökonomisch durchgeführt werden. Dies erfordert von den Torhüter*innen eine ausgeprägte Mobilität (Beweglichkeit) in so gut wie allen Körpergelenken. Im Besonderen ist dabei die Mobilität der Hüftgelenke hervorzuheben.

> ≫   Um die Mobilität zu erhöhen, scheinen statische Dehn- und Stretchingmaßnahmen weniger effektiv zu sein. Vielversprechender sind Mobilitätsübungen, in denen dynamische Bewegungsformen in den Randbereichen der Gelenkwinkelstellungen angewendet werden. Auch eine bewusste Ansteuerung (unter Spannung setzen) der Muskulatur bei großen Gelenkwinkelstellungen erhöht das Bewegungsausmaß und sorgt für eine Kräftigung/Stabilisierung in diesem Bereich. Bei entsprechendem Leistungsstand sind solche Mobilitätsübungen auch mit Zusatzgewichten umsetzbar. Gelingt es durch Mobilitätstraining das Kraftniveau in sehr extremen Gelenkwinkelstellungen zu verbessern, kann dies auch Verletzungspräventiv wirken.

Koordination

Die Bewegungskoordination in Spielhandlungen ist im höchsten Maße spezifisch, weshalb ein großer Umfang unspezifischer koordinativer Trainings wenig zielführend ist. Da die allgemeine Bewegungskoordination jedoch als Leistungsvoraussetzung für die spezifische Technik gilt, ist es dennoch wichtig, grundlegende koordinative Fähigkeiten zu trainieren.

Die Orientierungsfähigkeit sollte vorwiegend in Bezug auf die Wahrnehmung des Raumes zwischen Ball und Tor geschult werden (Wo ist der Ball? Wo bin ich? Wo ist das Tor?). Hinweise zum Training dieser Orientierungsfähigkeit sind in Kap. 5 beschrieben. Weiter kann mit Manipulationen der visuellen Wahrnehmung (z. B. ein Auge abdecken) auch die Orientierungsfähigkeit geschult werden. Die Gleichgewichtsfähigkeit lässt sich durch die Variation von Untergründen (z. B. Sand, Turnmatte) oder mit dem Stand auf kleinen Oberflächen (auf umgedrehter Langbank) besonders herausfordern und verbessern. Hierbei sollte die Handlungsspezifik nicht vernachlässigt werden. Auf einer Matte oder Bank sollte, soweit im Schwierigkeitsgrad umsetzbar, eine spezifische Handlung (Parade) ausgeführt werden. Nach der Ausführung der Handlungen auf dem veränderten Untergrund sollten die Handlungen auch auf dem Hallenboden umgesetzt werden.

Differenzierungs-, Anpassungs-, Umstellungs- und Reaktionsfähigkeiten lassen sich durch die Trainingsprinzipien der Variation von Bewegung, der Geschwindigkeitssteuerung sowie der Nutzung unterschiedlicher Ballmaterialien mit unterschiedlichen Flugeigenschaften verbessern (z. B. Softbälle, leichte Bälle, kleine Bälle; Kap. 4).

Die Kopplungsfähigkeit, von unteren und oberen Extremitäten, hat eine besondere Relevanz. Dabei können Übungen zur Entkopplung genutzt werden, um Lernfortschritte zu erzielen: Während die Beine stabil in ihrer Position bleiben, dürfen nur die Arme genutzt und bewegt werden, um einen Wurf abzuwehren; alternativ bleiben die Arme stabil in einer Position und nur die Beine dürfen genutzt werden, um den Körper in Position zu bringen.

6.2   Kognitive Faktoren

Das Training kognitiver Faktoren bezieht sich vorwiegend auf die Verbesserung der visuellen Wahrnehmungsfähigkeit sowie der Antizipations- und Entscheidungsfähigkeit.

Die visuelle Wahrnehmungsfähigkeit lässt sich vor allem dadurch verbessern, dass die Anforderungen an den visuellen Analysator (die Augen) variabel gestaltet werden. Von einfachen Verkürzungen der Wahrnehmungszeiten (u. a. Würfe verdeckt durch Verteidiger*innen) über monokulares Training (ein Auge verdecken) bis hin zum Nutzen von Shutter-Brillen lässt sich die Wahrnehmung schulen. Auch die Lenkung der Aufmerksamkeit durch Instruktion (z. B. „schaue dem Werfer ins Gesicht") variiert und schult die Wahrnehmung. Solche Variationen der Wahrnehmung sollten allerdings immer in einem überschaubaren Umfang der Bewegungshandlungen eingesetzt werden (maximal 20 %). Wahrnehmung in spezifischen Handlungen ist immer situationsbezogen und sollte damit auch im größten Teil der Handlungen spezifisch bleiben.

▶ Die Wahrnehmung von Wurf- und Spielhandlungen findet immer im Raum vor den Torhüter*innen statt. Daher sollte in individualisierten Trainingsformen – und seien es auch nur Formen des Athletiktrainings – darauf geachtet werden, dass der Blick der Torhüter*innen nach vorne und nicht auf den Boden gerichtet ist.

Die Antizipationsfähigkeit lässt sich durch hohe spezifische Wiederholungszahlen trainieren. Mentales Training durch Imagination von Wurfhandlungen kann ebenfalls einen Beitrag leisten, um Antizipationsleistungen zu verbessern. Solche Imaginationen sollten aber immer mit den Bewegungshandlungen verknüpft werden. Es sollte also eine Handlung ausgeführt werden auch, wenn sich ein Wurf nur vorgestellt wird.

Das Training der Entscheidungsfähigkeit bezieht sich hauptsächlich auf die Schulung der Spielintelligenz. Spielintelligenz bedeutet in diesem Fall, dass in einer bestimmten Spielsituation aus dem Repertoire der vorhandenen Handlungen diejenige mit der größten Erfolgswahrscheinlichkeit ausgewählt wird. Bei Würfen von der Außenposition ist beispielsweise zu entscheiden, ob eine offensive oder eine defensive Positionierung die höhere Erfolgswahrscheinlichkeit hat. Diese Entscheidung wird von dem Wissen über die eigenen Fähigkeiten („was kann ich?"), über die Fähigkeiten der Werfenden („welcher Wurf kommt?") und über die Chronologie („welcher Wurf kam zuletzt, welcher Wurf wird als nächstes kommen?") beeinflusst. Um diesbezüglich Verbesserungen herbeizuführen, kann explizites Feedback durch Coaches oder Videos genutzt werden (Brack 2002). Vor dem Hintergrund der Relevanz der Autonomie in Lernprozessen (Wulf und Lewthwaite 2016), sollten die Lösungen selbst generiert werden. Die Coaches sollten dabei eine fragende und unterstützende Rolle einnehmen („Warst du erfolgreich und warum?"; „Welche Handlung wäre optimal gewesen?"). Generell sind die kognitiven Fähigkeiten stark miteinander verknüpft. Antizipation wird immer stark von der Wahrnehmung beeinflusst. Entscheidungen beruhen immer auf der Wahrnehmung von Reizen und den antizipativen Fähigkeiten. Daher sind Trainings der kognitiven Fähigkeiten nicht immer isoliert zu betrachten und zu planen. Dennoch ist es sinnvoll, einen klaren Schwerpunkt für ein Training festzulegen (z. B. Fokus auf das Training der Wahrnehmung).

Da das Spiel auf der Position Tor integraler Bestandteil aller Spielphasen ist (Abschn. 4.1), sollten spezifische Spielanalysen in Bezug auf alle Spielphasen vorgenommen werden. Dies gilt sowohl für die Vorbereitung als auch für die Nachbereitung von Wettspielen, wobei die Wurfabwehr als Primäraufgabe im Zentrum der Analyse stehen sollte. Mit der Quote gehaltener Bälle lässt sich der Erfolg am besten erklären (Hatzimanouil et al. 2022).

Nachbereitung von Spielen
Der erste Schritt zur Spielanalyse ist eine klare Definition von Spielhandlungen (z. B. „Was ist eine Parade?", „Was ist eine gelungene Spieleröffnung?"). Sowohl Coach als auch Torhüter*in sollten ein gemeinsames Verständnis dieser Spielhandlungen haben. Welche und wie viele Spielhandlungen in die Spielanalyse aufgenommen werden, lässt sich über Aufwand-Nutzen-Kalkulationen bestimmen.

Zur Leistungsbeschreibung der Spielhandlungen eignen sich quantitative und qualitative Kriterien (Indizes). Quantitative Parameter dieser Indizes (z. B. „kommt ein Pass in der Spieleröffnung an?") lassen sich über Häufigkeiten berechnen (Anzahl an Fehlpässen/Anzahl gespielter Pässe = Index-Spieleröffnung). Qualitative Parameter („wie kommt dieser Pass an?") können diese ergänzen und in einem Qualitätsindex ausgedrückt werden (z. B. Anzahl kritischer Pässe/Anzahl guter Pässe).

In Bezug auf die Wurfabwehr (Parade) besteht eine besondere Problematik: Verhindert ein*e Torhüter*in ein Gegentor durch direkten Kontakt mit dem Ball, ist dies eindeutig als Parade zu identifizieren. Wird ein Ball über oder neben das Tor geworfen, lässt sich meist schwierig aufklären, ob der*die Torhüter*in einen Beitrag zur Verhinderung des Gegentores geleistet hat. Es ist aber davon auszugehen,

P. Engel und F. Fasold, *Spiel und Training im Handballtor*, essentials, https://doi.org/10.1007/978-3-662-69267-7_7

dass Torhüter*innen mit einer guten Positionierung dafür mitverantwortlich sind, dass diese Bälle über oder neben ihr Tor gehen. Es gibt jedoch auch Würfe, die unabhängig von dem*r Torhüter*in verworfen werden.

> Um diesem Problem zu begegnen, empfehlen wir die Nutzung von zwei Indizes. Der Brutto-Wert ergibt sich aus der Anzahl der Gegentore und der Anzahl der Würfe des gegnerischen Teams (Gegentore/ Würfe). Der Netto-Wert ergibt sich aus der Anzahl der Gegentore und der Anzahl der abgewehrten Würfe mit Kontakt zum Ball (Gegentore/ abgewehrte Würfe). Mit Nutzung beider Werte lässt sich die Leistung von Torhüter*innen in Bezug auf die Wurfabwehr differenziert und gleichzeitig umfassend bewerten

In die hier dargestellten Definitionen quantitativer Indizes sollten auch Parade-Aktionen integriert werden, in denen die Spielaktionen durch einen Foul-Pfiff unterbrochen wurden.

Ziele der Nachbereitung In die Nachbereitung von Spielen lässt sich viel Zeit investieren. Daher sollte vorher klar definiert werden, auf welchen Bereich sich die Analyse bezieht. Befinden sich Torhüter*innen in der Ausbildungsphase, sollten die Analyseparameter auf das reduziert werden, was notwendig ist, um die Leistungsentwicklung optimal zu fördern.

Bei leistungssportlichem Anspruch kann dies durch zusätzliche Parameter erweitert und in Spielwirksamkeitsanalysen umgesetzt werden (z. B. Wagner et al. 2023). Jede Spielaktion wird in Bezug auf den aktuellen Spielstand, die Spielzeit und die Spielsituation bewertet. Zur Bewertung der Spielsituation sind Parameter aufzunehmen, die sich auf den Raum („von wo wurde geworfen?") und die Erfolgswahrscheinlichkeiten auf diesen Wurfpositionen beziehen.

Die Entwicklung solcher Wirksamkeitsanalysen ist sehr aufwendig, kann aber die Spielleistung messbar und in Bezug auf Trainingssteuerung, Leistungsentwicklungen und Zielstellungen nutzbar machen.

Freie Nachbereitung von Spielen und Trainings Unabhängig der hier beschriebenen Ansätzen ist eine freie (videobasierte) Nachbereitung zur Förderung von Lernprozessen wertvoll. Dabei soll es weniger darum gehen, Indizes zu betrachten. Vielmehr sollte im Gespräch zwischen Torhüter*in und Coach der Fokus auf die Funktionalität der Handlungen gelegt werden. Warum hat etwas funktioniert? Welches Gefühl oder welche Motivation lag vor? Welche Lösungsansätze können selbst gefunden werden? All diese Aspekte sollten hier betrachtet werden. Handlungsprinzipien und Handlungsfolgen, die in Kap. 3 beschrieben wurden, bieten für solche Analysen und Gespräche einen guten Leitfaden.

Vorbereitung auf Spiele
Die Vorbereitung auf gegnerische Teams sollte ebenfalls in Bezug auf alle Spielphasen erfolgen. Die Spieleröffnung oder das Wechseln für zusätzliche Feldspieler*innen sollte ebenso systematisch vorbereitet werden wie die Wurfabwehr. Dabei dem Motto „viel hilft viel" zu folgen ist eher leistungshemmend. Detaillierte Wurfbilder für sämtliche gegnerische Feldspieler*innen vorzubereiten ist bei der Verfügbarkeit von Videomaterialien bis in untere Leistungsklassen durchaus möglich; diesen Möglichkeiten gegenüber steht allerdings die kognitive Kapazität der eigenen Torhüter*innen. Daher sollte sich die Vorbereitung auf die relevantesten Leistungsmerkmale des gegnerischen Teams beschränken.

Das Problem der mentalen Rotation Eine Schwierigkeit in der Vorbereitung auf die Würfe gegnerischer Teams stellt die Perspektive der aufgenommenen Videos dar. Spiele werden meist von der Tribüne auf Höhe der Mittellinie des Spielfeldes aufgenommen. Betrachten Torhüter*innen nun Würfe aus dieser Perspektive, hat dies nichts mit der Perspektive auf dem Spielfeld zu tun. Um die Wahrnehmung solcher Videos mit einer adäquaten Handlung (Parade) auf dem Spielfeld zu verknüpfen, ist eine mentale Rotation notwendig. Dies bedeutet, dass es den Torhüter*innen gelingen muss, die Videoperspektive in ihre Ich-Perspektive zu transferieren. Auch wenn es zu dieser Problematik keine spezifischen Erkenntnisse gibt, zeigen allgemeine Forschungsergebnisse deutlich, dass bei mentalen Rotationsaufgaben immer Leistungseinbußen entstehen (Schul et al. 2014).

Es lässt sich festhalten, dass es anmaßend wäre, von Torhüter*innen zu erwarten, aus dem Videobild eine sofortige Verknüpfung mit der korrekten Entscheidung auf dem Spielfeld umzusetzen. Die Fähigkeiten zur mentalen Rotation sind sehr individuell und sollten daher zielgerichtet ausgebildet werden, um videobasierte Vorbereitungen effektiv und sinnvoll zu gestalten.

Formulierung offener Handlungsaufträge Aufbauend auf die Spielanalyse ist es grundsätzlich wenig empfehlenswert, strikte Wenn-Dann-Regeln zu formulieren. Lässt sich ein klares Muster erkennen wie „Wirft die Spielerin auf Rückraumlinks über die Position Rückraum-Mitte, wirft sie 8 von 10 Bällen auf die rechte Ecke", wäre es rein statistisch sinnvoll, eine Wenn-Dann-Regel zu formulieren („Bei Würfen der Spielerin Rückraumlinks über die Mitte, muss die rechte Ecke abgedeckt werden"). Solche eingeschränkten und gelenkten Aufmerksamkeitsprozesse sind jedoch nicht mit optimalen Leistungsumsetzungen assoziiert (z. B. Wulf und Lewthwaite 2016). Offene Instruktionen und Handlungspläne scheinen sinnvoller und vielversprechender zu sein: „Bei Würfen der Spielerin Rückraumlinks über die Mitte ist die Wahrscheinlichkeit für eine Parade in der rechten Ecke am größten" wäre eine offene aber dennoch planvolle Instruktion.

Chronologie von Handlungen analysieren Auf qualitativer Ebene sollte zusätzlich betrachtet werden, wie sich Werfer*innen bei Erfolg und Misserfolg verhalten (Verändert sich das Wurfmuster nach Erfolg oder Misserfolg?). Solche Handlungschronologien vereinfachen den Umgang mit eigenen Misserfolgen im Wettspiel, da es für die nächste Handlung direkt einen klaren Fokus gibt.

Ziele der Vorbereitung Die Ausgestaltung von Umfang und Inhalt der Analyse sollte auch hier passend zum Leistungsstand sein. Während auf höchster Leistungsebene das Wissen über das Wurfverhalten jeder*s Gegenspieler*in leistungsunterstützend sein kann, sollte im Ausbildungs- und Nachwuchsbereich der Umfang zielgerichtet angepasst werden. Eine zu hohe kognitive Auslastung durch eine hohe Zahl an Bewegungs- und Handlungsregeln kann intuitives und offenes Handeln einschränken und stören. Weiterhin kann bei Misserfolg das Frustrationspotenzial im jungen Alter sehr hoch sein („Ich wusste das doch, warum hat das nicht geklappt?").

Dennoch kann das inhaltliche Wissen über das Wurfverhalten gegnerischer Teams auch schon im jungen Alter genutzt und im Sinne offener Instruktionen angewendet werden („Der Ball von Spieler*in A ist jetzt in die kurze Ecke gegangen; was meinst du wo A als nächstes hinwirft?"). Finden Torhüter*innen hier selbst die richte Antwort und sind am Ende in der Handlung auch noch erfolgreich, ist der Lernprozess optimal unterstützt (Wulf und Lewthwaite 2016).

Was Sie aus diesem *essential* mitnehmen können

- Grundlagen zum Spiel und Training auf der Position Tor
- Ideen zur Anpassung und Erweiterung des eigenen Trainings
- Einen ganzheitlichen Blick auf die Leistung und das Spiel im Handball Tor

P. Engel und F. Fasold, *Spiel und Training im Handballtor*, essentials, https://doi.org/10.1007/978-3-662-69267-7

Literatur

Beppler, J., Kromer, A. et al. (Hrsg.) (2017). *DHB-Rahmentrainingskonzeption*. Münster: Philippka.

Biegler, M. (2012). Innovatives Torwarttraining. *Handballtraining, 9+10*, 6–17.

Brack, R. (2002). *Sportspielspezifische Trainingslehre*. Hamburg: Czwalina.

Deuker, A., Braunstein, B., Chow, J., Fichtl, M., Kim, H., Koerner, S, & Rein, R. (2023). Train as you play. Improving effectiveness of training in youth soccer players. *International Journal of Sports Science & Coaching, online first*, 1–10.

Engel, P., Nicklas, A., Klatt, S., & Fasold, F. (2023). Goalkeeping in junior team handball. A frustrating profession?. *Zeitschrift für Sportpsychologie, 30(1)*, 36–37.

Fasold, F., & Nicklas, A. (2023). *Handball spielerisch vermitteln: Eine Einführung für Lehrkräfte, Coaches und Studierende*. Berling: Springer.

Fasold, F., Gehrer, A., & Klatt, S. (2022). *Beach Handball for Beginners. History, Organization, Rules and Gameplay*. Berlin: Springer.

Fritz, H. & Wendt, C. (2022). *Handball Experte*. Heidelberg: Bildung Plus.

García-Sánchez, C., Navarro, R. M., Karcher, C., & de la Rubia, A. (2023). Physical demands during official competitions in elite handball. A systematic review. *International Journal of Environmental Research and Public Health, 20(4)*, 33–53.

Groeger, D., Beppler, J., Braun, J., Luig, P., Overkamp, S., Ribbecke, T., & Wudtke, E. (2019). Athletikkonzept des DHB. Münster: Philippka.

Hansen, C., Sanz-Lopez, F., Whiteley, R., Popovic, N., Ahmed, H. A., & Cardinale, M. (2017). Performance analysis of male handball goalkeepers at the World Handball Championship 2015. *Biology of Sport, 34(4)*, 393–400.

Hatzimanouil, D., Saavedra, J. M., Stavropoulos, N., Pic, M., Mavromatis, G., & Lozano, D. (2022). Performance analysis of goalkeepers and final team rankings in men´s international handball championships. *Journal of Physical Education and Sport, 22(8)*, 1905-1914.

Huesmann, K., Schorer, J., Büsch, D., Witt, J., & Loffing, F. (2023). Expert goalkeepers' and coaches' views on anticipation and cue utilisation facing backcourt throws in handball goalkeeping. *Frontiers in Sports and Active Living, 5*.

IHF. (2023). Goalkeeper Statistics. Zugriff am 22.01.2024 unter https://www.ihf.info/sites/default/files/competitions/7056e0a8-af84-4726-82cd-026a1e3a0562/pdf/TOPGK.PDF?n=1698409721.

© Der/die Herausgeber bzw. der/die Autor(en), exklusiv lizenziert an Springer-Verlag GmbH, DE, ein Teil von Springer Nature 2024
P. Engel und F. Fasold, *Spiel und Training im Handballtor*, essentials, https://doi.org/10.1007/978-3-662-69267-7

IHF. (2022). Spielregeln Hallenhandball. Basel: IHF.

Karcher, C., & Buchheit, M. (2014). On-court demands of elite handball, with special reference to playing positions. *Sports Medicine, 44(6)*, 797–814.

Koekoek, J., Dokman, I., & Walinga, W. (2022). *Game-based pedagogy in physical education and sports. Designing rich learning environments.* London: Routledge.

Loffing, F., Sölter, F., Hagemann, N., & Strauss, B. (2015). Accuracy of outcome anticipation, but not gaze behavior, differs against left- and right-handed penalties in team-handball goalkeeping. *Frontiers in Psychology, 6*.

Manchado, C., Tortosa-Martínez, J., Vila, H., Ferragut, C., & Platen, P. (2013). Performance factors in women's team handball: physical and physiological aspects. A review. *Journal of Strength and Conditioning Research, 27(6)*, 1708–1719.

Omeyer, T. & Späte, D. (2009). Ich spiele mit dem Werfer!. *Handballtraining, 12*, 6-15.

Otte, F. W., Millar, S. K., & Klatt, S. (2019). Skill training periodization in "specialist" sports coaching. An introduction of the "PoST" framework for skill development. *Frontiers in Sports and Active Living, 1*.

Peck, E., Chomko, G., Gaz, D. V., & Farrell, A. M. (2014). The effects of stretching on performance. *Current Sports Medicine Reports, 13(3)*, 179–185.

Rost, J. (2024). *Die Grundposition im Handballtor.* Unveröffentlichte Bachelorarbeit. Deutsche Sporthochschule Köln.

Schubert, R. (2012). Viel Abwechslung für die Torwarte. Eine Übungssammlung für das Torwart-Gruppentraining. Teil 3. *Handballtraining, 9+10*, 6–17.

Schubert, R., Grintz, O., Potthof, N. & Stange, M. (2015). *Handballtraining Fokus. Torwart-training – Trainingsformen für alle Leistungsbereiche.* Münster. Philippka.

Schubert, R., Potthoff, N., & Potthoff, C. (2018). *Halten wie die Großen. Kinder und Jugendliche für das Torwartspiel begeistern.* Münster: Philippka.

Schul, K., Memmert, D., Weigelt, M., & Jansen, P. (2014). From the wrong point of view! Athletes' ability to identify structured playing patterns suffers from the misalignment of tactic boards during time-outs in professional basketball. *Perception, 43(8)*, 811–817.

Thiel, A., Hecker, S., & Späte, D. (1999). *Halten wie wir.* Münster: Philippka.

Wagner, H., Hinz, M., Melcher, K., Radic, V., & Uhrmeister, J. (2023). The PlayerScore. A systematic game observation tool to determine individual player performance in team handball competition. *Applied Sciences, 13*, 2327.

Wilke, G. & Uhrmeister, J. (2009). *Koordinationstraining im Handball. Teil 2: Abwehr und Torwart.* Köln: Sportverlag Strauß.

Wulf, G., & Lewthwaite, R. (2016). Optimizing performance through intrinsic motivation and attention for learning. The OPTIMAL theory of motor learning. *Psychonomic Bulletin & Review, 23(5)*, 1382–1414.

Young, W. & Farrow, D. (2006). A review of agility. Practical applications for strength and conditioning. *Strength and Conditioning Journal, 28*, 24-29.

Printed in the United States
by Baker & Taylor Publisher Services